LE POING SUR LA TABLE

Elisabeth Debourse

American Appétit

Voyage dans le ventre des USA

W0355936

Déjà paru dans la collection « Le Poing sur la table »

Faiminisme
Nora Bouazzouni

Bouffes bluffantes
Nicolas Kayser-Bril

Spaghetti Wars
Tommaso Melilli

Plaidoyer pour le vin naturel
Éric Morain

Les Agronautes
Cédric Rabany

Breuvages bluffants
Nicolas Kayser-Bril

Voracisme
Nicolas Kayser-Bril

Steaksisme
Nora Bouazzouni

Maltriarcat
Anaïs Lecoq

© Nouriturfu, 2023

Illustration de couverture : Léa Taillefert
Conception graphique et mise en page : Nina Clauzel
Diffusion et distribution : Harmonia Mundi livre

ISBN 978-2-490698-63-9
www.nouriturfu.com @nouriturfu #AmericanAppetit

Prologue

Il faut tendre le cou jusqu'à ce que les yeux aient fini de ricocher contre les arêtes de métal et les parois de verre, vers cette lucarne de ciel tout là-haut dans Manhattan. Bien que légèrement étourdi·e, visuellement écrasé·e, êtes-vous étonné·e ? La vue n'est pas très différente de toutes les péloches avec New York en toile de fond, des Scorsese aux Allen, que vous avez dévorées au cours de votre vie. Peut-on vraiment parler d'une surprise, quand vous arrachez votre première bouchée de burger dans cette chaîne états-unienne, alors que vous y avez auparavant fait la queue dans votre ville ? Êtes-vous déconcerté·e de voir ces porches flanqués d'un fauteuil à bascule et d'une bannière étoilée, après avoir regardé tant d'années leur écho dans un tableau Ikea ? L'Amérique, comme on a fini par l'appeler[1], n'est une inconnue pour personne. C'est McDonald's, c'est le FBI, Donald Trump, Thanksgiving, Las Vegas, les donuts, *Taxi Driver*, Kim Kardashian et Meryl Streep, le 11 septembre, les beatniks, Harper Lee, Steinbeck et Morrison, le Black Friday, les Simpsons. C'est un musée de portraits, d'affiches de films et de cartes postales qui hantent notre imaginaire collectif – le *soft power*, la puissance évocatrice des USA.

[1] Dans ce livre, je lui ai généralement préféré le nom *États-Unis* et l'adjectif *états-unien·nes*, puisque les USA ne comptent que pour un tiers de la population et un quart du territoire du continent américain, et parce que désigner le pays comme l'*Amérique* s'inscrit dans une politique impérialiste. *Fun fact*, les États-Unis ont aussi été nommés *Columbia*, par le passé.

Et derrière cette vitrine promotionnelle, un *all-you-can-eat* sans fond, sans faim. L'empire de la faste food. La république des doigts gras.

Sauf que notre petite galerie des horreurs culinaires états-uniennes aligne les plats comme les clichés. Vu d'Europe culinaire, c'est le grand défilé des sodas néon, des buckets géants et des pizzas poisseuses. Et il y a de ça, à vrai dire. En 2021, 305 milliards de dollars[2] ont été dépensés aux comptoirs des près de 200 000 McDo, Wendy's, Popeyes, Chick-fil-A, Pizza Hut, Burger King, KFC, Subway, Taco Bell, Five Guys ou encore Chipotle qui font tache d'huile dans chaque État, sans exception. On y sert principalement des burgers et du poulet frit, mais le menu compte aussi des parts de pizz' à un dollar, des sandwichs à étages, des pancakes au sirop et des nachos plus dégoulinants encore. En de rares occasions, quelqu'un, quelque part, y commande une salade César. En parallèle, une mère sur cinq aux États-Unis estime que ses enfants ne mangent pas à leur faim. Pour autant, on y dévore partout : dans la rue, dans le bus, devant son poste de travail, entre deux boulots, deux portes, deux repas. Chez les cuisinistes, la tendance de l'îlot central a été rapatriée d'outre-Atlantique, où une salle et même une table à manger n'ont longtemps plus eu qu'un intérêt limité pour ce peuple à dîner debout.

Kanye West, Burger King et un milkshake chocolat-vanille à l'esprit, prononcer à voix haute la phrase suivante revient à

[2] Toutes les sources de l'autrice (journaux, livres, sites, films, séries, émissions de TV, podcasts…) sont répertoriées en fin d'ouvrage, et non pas en notes de bas de page, afin de faciliter la lecture du texte principal (N.D.E.).

lécher son assiette dans un trois étoiles : les États-Unis ont leur place sur la scène gastronomique mondiale, et elle est aussi digne que toutes les autres. Doux blasphème culinaire. Toujours obsédé·es par la pseudo-supériorité de la cuisine française, on a vite eu fait de ne pas voir grandir et fleurir une scène avec son histoire, son identité, ses valeurs propres. « Les États-Unis ne sont pas étrangers aux révolutions. La majeure partie de ces quatre derniers siècles, ils ont obstinément refusé l'immobilisme. Peut-être davantage que n'importe quelle autre nation de l'histoire, ils opèrent dans un état de réinvention permanente, et ce n'est jamais aussi vrai que quand on aborde ce que nous mangeons, où nous le mangeons, et comment nous le mangeons. Mais au cours des douze dernières années, le changement s'est emballé, atteignant des vitesses jamais connues, de manière formidable, créant peut-être le grand âge d'or de la gastronomie américaine », éclaire le journaliste et auteur Kevin Alexander.

Et puis il y a les *food studies*, tout juste évoquées par ce lauréat d'un James Beard *award*, les Oscars du genre gastro-littéraire, tant la discipline fait partie de son éducation journalistique : l'étude du fait alimentaire, qui dépiaute le pourquoi du comment de ce que nous mangeons, pour en tirer la substantifique moelle culturelle, sociale, économique, environnementale et que sais-je encore. Les *food studies*, qui sont devenues ma religion d'adoption, une longue-vue pour goûter le monde et donc les États-Unis, où quasi en premier lieu, la bouffe a été consacrée comme champ d'étude académique. Pour cela et pour bien d'autres raisons aussi publiquement évidentes que personnellement obscures, les États-Unis m'attirent depuis que j'y ai mis les pieds, territoire hostile et aimant et tordu et simpliste et engagé et beau et laid. J'ai, imprimé sur ma rétine et mon palais, le menu de mon restaurant préféré de Chinatown, la lumière des néons des *bodegas* à la nuit tombée, le grandiloquisme du Grand Central Oyster Bar & Restaurant un soir de Noël, une bière hivernale en bordure de stade, du poulet frit dans un canapé à Pittsburgh, les boulettes de mac' and cheese de la station-service, du homard dans le Vermont, des sushis pour soigner la gueule de bois, les popcorns au beurre du cinéma.

Moi aussi, je refuse l'immobilisme. Celui, par exemple, qui veut qu'une nation seule soit celle qui dicte la « bonne cuisine » au reste du monde. Je crois en revanche à l'héritage, aux héritages même, d'où qu'ils proviennent, et à leur pouvoir d'accompagner nos révolutions. À l'heure de l'immobilisme forcé, confiné même, j'ai voulu prendre la tangente. Du nord au sud, de New York à la Nouvelle-Orléans, en passant par Philadelphie, Washington et Atlanta, je suis partie à la recherche de ce qui faisait les États-Unis, ou une partie du moins de ce monstre de pays fragmenté, à travers sa cuisine.

Sur la ligne d'arrivée, ils sont dix. Dix plats représentant la culture culinaire états-unienne (ou devrais-je à nouveau plutôt dire, les cultures culinaires) et qui racontent la société nord-américaine, ses trébuchements, ses fulgurances et ses évolutions. En quête d'un autre imaginaire, nourri par mes sens et des hot-dogs, j'ai cherché l'âme du chop suey, exploré les paradoxes du poulet frit, avalé des tartines de peanut butter and jelly, interrogé le taco et séparé le mac du cheese. J'ai même murmuré à l'oreille de l'inévitable burger, pour savoir ce qu'il avait à me dire sur le végétarisme.

En route, j'ai croisé des affiches « Black Lives Matter », des arches de restauration rapide, des tas d'humains et quelques fantômes. Avec, toujours, un sacré american appétit.

Au commencement, il y eut le taco

« Nous demandons aux Mexicains de cuisiner une grande part de ce que nous avalons, d'en cultiver les ingrédients, de nettoyer nos maisons, de tondre nos pelouses, de laver notre vaisselle et de veiller sur nos enfants. N'importe quel chef vous le dira, notre secteur des services tout entier, l'industrie de la restauration telle que nous la connaissons dans la plupart des villes américaines, s'effondrerait en une nuit sans les travailleurs mexicains. »

(Anthony Bourdain, *Under the Vulcano.*)

Elles sont quatre femmes, en vestes et tabliers blancs, à s'activer derrière le comptoir sommaire : deux pour attraper un morceau de pâte, toujours de la même taille, le rouler puis l'aplatir entre la presse en fonte et une feuille de papier sulfurisé ; une pour faire sauter les disques sur de grandes plaques brûlantes ; et une dernière pour surveiller le *consome* et les *tamales*[3]. À leur droite, Ben Miller abat son hachoir rustique sur la viande d'agneau luisante qui servira à garnir les tortillas. La maison ne sert que deux variétés de tacos : barbacoa, soit cuit longuement à la braise en utilisant, ici, toute la bête, et végétariens. C'est ensuite à vous de choisir, sur la desserte coincée devant le stand à barbaque, la quantité de piquillos, d'oignons, de coriandre, de salsa et de citron vert avec laquelle vous accommodez vos tacos, le tout au rythme syncopé de la parfaite playlist de jazz assemblée par Ben. South Philly Barbacoa n'est définitivement

[3] Le *consome* est un bouillon tomaté dans lequel nageaient, ce jour-là, du riz et des pois chiches. Le *tamal* est une papillote amérindienne renfermant de la pâte de farine de maïs. La version sucrée à l'ananas et aux raisins de South Philly Barbacoa est, sans aucun doute, la meilleure que j'aie jamais goûté.

pas une *taquería* comme les autres – et pas seulement parce qu'on n'y entend pas d'hymne mariachi. La plupart des touristes de passage à Philadelphie, dont je fais partie cet hiver-là, se pressent au numéro 1140 de la Neuvième Rue parce qu'ils ont un jour regardé, admiré et probablement chialé devant le parcours de Cristina Martínez, raconté par la série documentaire de Netflix *Chef's Table* : celui d'une pâtissière virée de son boulot après qu'on ait découvert qu'elle n'avait pas de papiers. Sans emploi et menacée d'être renvoyée au Mexique, elle monte une petite affaire de barbacoa dans sa cuisine de Philly, avant d'ouvrir en 2015, poussée par le succès de ses tacos du genre exceptionnels, son propre resto avec son architecte de mari – Ben Miller, si vous avez bien suivi. Mais toutes les Cristina Martínez ne finissent pas sur Netflix. Probablement parce que la plupart sont cachées dans les cuisines de la restauration états-unienne, dont 12 % des travailleur·reuses sont des Mexicain·es sans documents[4], quand elles ne sont pas tout simplement charterisées vers leur pays. La besogne culinaire, la plonge ou le nettoyage des tables, voilà le travail qu'abattent le plus souvent celles et ceux débarqué·es illégalement – les premier·ères, dans la foulée de la signature du traité de paix entre les États-Unis et le Mexique, dès la fin du 19e siècle. D'autres sont venu·es trouver refuge pendant la révolution mexicaine, à tel point qu'en 1930, ils formaient un tiers de la population de Los Angeles, en ayant pris soin d'emmener, dans leurs bagages légers, le taco[5].

---

[4] Selon un rapport du Pew Research Center paru en 2018, les chiffres datant de 2016.

[5] Oui, on dit bien un « taco » et ça fait sourciller les États-Unien·nes qu'on l'écrive quasi systématiquement au pluriel en français – la faute, sûrement, à la

Les États-Unis et les tortillas, c'est une histoire d'amour attendue, quoique compliquée. D'abord, parce que le maïs est natif des Amériques[6], et que les colons britons lui doivent leur survie. Mais comme un peu tout ce qui était là avant eux, les « pèlerin·es » l'exploitent sans lui donner le respect qu'il mérite. Pire, dès que possible, ils s'en débarrassent. Ce grain, salvateur et facile à cultiver mais méprisé, est ainsi resté le plus consommé aux États-Unis jusqu'au 19e, quand il a été remplacé par le blé européen considéré comme plus raffiné. Avec la semoule de maïs, on préparait déjà, dans les récits de la genèse de Thanksgiving, du *cornbread* – ce gâteau jaune, moelleux et légèrement sucré. Le long du Río Grande, qui sert aujourd'hui de démarcation naturelle entre les États-Unis et le Mexique, on dealait de la *masa*, soit de la pâte de maïs nixtamalisé[7], qui sert à façonner les tortillas et de base aux tacos, leur version garnie. « Les tacos sont nés à peu près au même moment sur chaque rive de la rivière, avant qu'il n'y ait de frontière », raconte José R. Ralat, le docteur ès tortillas du magazine *Texas Monthly* – car oui, le deuxième plus vaste État de la bannière étoilée[8] a son propre chroniqueur tacos professionnel. « Les Mexicains plient les tortillas depuis des milliers d'années, mais on ne les a pas toujours appelées tacos. On peut en débattre pendant des heures, mais je pense que le taco est toujours

franchise frenchie O'Tacos.

[6] Si l'on en croit la genèse maya, les humains auraient été créés à partir de maïs – du grain blanc pour les hommes, du jaune pour les femmes.

[7] Un procédé par lequel les grains de maïs sont d'abord trempés et cuits dans une solution alcaline, puis broyés pour obtenir la *masa*, la base de la majorité des tortillas.

[8] Plus de 40 % de la population y est Hispanique.

une représentation de son époque et de son territoire. Il est régional. La régionalité, ça signifie que ce qui va dans une tortilla dépend des populations, de ce qui est disponible et de ce que les gens veulent manger », décrypte-t-il. Si vous mettez la bouche à Kansas City, Missouri, il y a donc des chances que vous tombiez sur un chausson frit fourré de viande de bœuf et recouvert de sauce tomate et parmesan, parce que les communautés italiennes et mexicaines de la ville vivent proches l'une de l'autre. À Los Angeles, Californie, le chef Roy Choi a popularisé le « taco coréen » aux plat-de-côtes marinés à la sauce soja et à l'huile de sésame, cuits au barbeuc'. Bien avant ça, les migrant·es libanais·es et leur broche à viande avaient contribué à la création du *taco al pastor*, la fierté de Mexico City qu'on retrouve aujourd'hui à travers tous les États-Unis. Pourtant jusqu'il y a peu, pour la plupart des États-Unien·nes, pour moi et vous aussi peut-être, un taco était une coquille en forme de « u » frite, fourrée de bœuf haché, de tomates en dés, de salade iceberg et de fromage râpé. La faute à Taco Bell, la « première enseigne mexicaine-américaine de fast food » du pays, qui est parvenue à venir à bout du dédain (voire du dégoût) des États-Unien·nes pour la *comida mexicana* – moyennant quelques petits arrangements. À sa création en 1962, le nouveau temple du taco rassurait les locaux sceptiques en se proclamant « bien de chez eux » et promettant que ses produits n'étaient pas plus épicés ou étrangers que des burgers. Et après tout, une fois bien emballée et marketée, sa recette n'était pas si différente de celle de l'étoile montante de la gastronomie nord-américaine : les deux se becquetaient bien pratiquement à la main, et empilaient du bœuf haché, du fromage, de la tomate, de la laitue et de la sauce. La différence principale étant la tortilla, qu'on pouvait facilement voir comme un substitut du bun. Bingo. La version de Taco Bell fait d'elle la 8e chaîne de fast food comptant le plus grand nombre de restaurants aux États-Unis et la 4e en termes de chiffre d'affaires.

« Vous savez ce qui n'est pas résistant au changement ? La cuisine mexicaine. Le changement, elle l'embrasse. Et à la fin, c'est toujours elle qui gagne », clame le journaliste José R. Ralat, comme une autre manière de voir les petits travestissements imposés par Taco Bell. Mais si à la fin, c'est la cuisine mexicaine qui gagne, alors ça signifie, théoriquement du moins, que d'autres doivent perdre. Pour Donald Trump et ses soutiens, la perdante, c'est son « Amérique » – blanche, conservatrice, raciste. Insupportable, pour ce grand bébé blond capricieux. En 2016, la charge vient pourtant de là où l'on s'y attend le moins. « Ma culture est une culture très dominante, elle s'impose et crée des problèmes. Si vous ne faites rien pour la contrer, vous aurez des food trucks à tacos à tous les coins de rue », prévient Marco Gutierrez, fondateur du groupe conservateur « Latinos for Trump », lors d'une interview sur la chaîne câblée MSNBC. La déclaration fait écho aux propos de Donald Trump, qui déclarait quelques mois plus tôt, en même temps qu'il annonçait sa campagne présidentielle, que « quand les Mexicains envoient leurs gens, ils n'envoient pas les meilleurs ». La réponse est immédiate. Sur Twitter, #TacosOnEveryCorner grimpe dans la liste des hashtags les plus suivis du réseau social. Le 45e big boss des États-Unis a beau proclamer par la suite qu'il

« adore les Hispaniques », sa présidence fait tout pour garder les Mexicain·es hors du pays – en construisant, notamment, 724 kilomètres de mur entre les USA et leur voisin. De la même manière, en 1921 déjà, le Congrès faisait passer le Emergency Quota Act qui donna naissance à l'Immigration Act restreignant l'accès au pays de l'Oncle Sam[9]. L'histoire n'est-elle donc qu'un éternel recommencement ?

Donald Trump est président depuis une année quand Cristina Martínez et Ben Miller ramènent à Philadelphie une meule à pierre mexicaine. « C'était la première dans le coin », raconte le chef, dont l'épouse est absente ce jour-là, à mon enregistreur coincé entre la minuscule guérite où il charcute la viande et une poubelle. Comme il est en contact avec des agriculteur·rices locaux·les, le duo aux manettes de South Philly Barbacoa rapatrie également des graines mexicaines, avec lesquelles les cultivateur·rices de la région font ensuite pousser du grain. Le maïs, une fois attendri par nixtamalisation, est moulu, transformé en masa, puis en tortillas par la petite entreprise. Son approvisionnement est alors unique à Philly, où la plupart des tortillas servies dans les restaurants sont des ersatz à base de farine indus'. Et l'affaire est plutôt productive, si bien qu'un jour, le restaurant se retrouve avec bien plus de masa que ce qu'il peut écouler en tacos. La pâte de maïs commence donc à passer entre les presses d'autres tables du quartier. Et un nouveau modèle à germer dans les têtes de ces entrepreneurs avec de la suite dans les idées : et si, plutôt que d'entretenir

[9] D'autres lois similaires ont existé avant cela et verront encore le jour par la suite.

leur chiffre d'affaires dans un esprit tout capitaliste, cette masa servait à créer des emplois pour d'autres travailleur·ses sans-papiers ? Voilà des années que, pour stabiliser la situation de Cristina notamment, le couple fait ses recherches. « On a fini par découvrir que pour être patron aux États-Unis, on n'avait pas besoin de statut de citoyen[10] », m'explique Ben Miller. Une loi pas prête de changer, d'ailleurs, puisqu'elle permet à de nombreux·ses millionnaires étranger·ères d'ouvrir des usines aux USA.

Si l'idée derrière Masa Cooperativa semble aujourd'hui simple, l'affaire a pourtant mis trois ans à être ficelée, avec l'aide de travailleur·ses mexicain·es, d'activistes, d'avocat·es, de chercheur·ses et de paysan·nes. Parmi eux, il y a Daniel Kemper, dont le Rodale Institute appartenant à l'université de Pennsylvanie possède un champ expérimental. L'agriculteur, qui verse dans la régénération des sols, y fait pousser des variétés de maïs autochtones que l'on pensait disparues, glanées auprès des tribus amérindiennes Mohawk et Lenape. Je retrouve leurs épis blancs et rouges exposés dans un petit panier à l'entrée de South Philly Barbacoa, comme une relique d'un temps que les moins de 200 ans ne peuvent pas connaître. « L'université accompagne aussi des fermiers qui veulent passer en bio. Sauf qu'il faut un marché pour écouler leurs produits... On s'est donc porté volontaire pour acheter leurs récoltes : on moud le grain à la coopérative pour en faire de la masa, qu'on vend ensuite à toute la communauté et aux restaurants »,

[10] Les entreprises lancées aux États-Unis par des personnes sans documents doivent en revanche y payer leurs impôts comme toutes les autres.

m'explique la moitié de South Philly Barbacoa. Cerise sur le gâteau de maïs, la coopérative est composée essentiellement de travailleur·ses sans statut légal aux États-Unis. Ben Miller s'interrompt un instant pour lancer une phrase en espagnol à travers la pièce, puis poursuit : « Il y a un tas d'avantages à ce système. D'abord, les agriculteurs sont mieux payés. Ensuite, c'est bon pour les sols : on réintroduit des variétés indigènes plutôt que le maïs merdique qui pousse à peu près partout aujourd'hui. Les restaurants qui achètent notre masa peuvent aussi augmenter leurs prix, puisqu'ils proposent une cuisine de meilleure qualité, qui nourrit mieux. Puis ça crée de l'emploi », ajoute-t-il en se tournant vers les femmes qui roulent la pâte à ses côtés. « Pour les travailleurs immigrés, c'est une manière de bosser plus démocratique. On n'est pas dans une relation où je suis leur patron et s'ils font tout pour me plaire, je leur filerai peut-être une augmentation. Ils savent combien d'argent on gagne, comment on le partage… Ils font partie de toutes les grandes décisions ! Et surtout, ils sont propriétaires de parts – ce qui signifie qu'on leur distribue des dividendes. Alors, pour l'instant, on est encore petit, mais on aimerait grandir. En fait, on voit pas mal d'opportunités de croissance, puisqu'il existe énormément de fermes, beaucoup de champs de maïs et des tas de restaurants qui utilisent actuellement des tortillas industrielles. » Sur le long terme, l'initiative aspire aussi à aussi rallier les États-Unien·nes à la cause mexicaine, dont la gastronomie reste dédaignée. « C'est du racisme. En changeant la narration autour de cette cuisine, on espère voir bouger bien d'autres choses », conclut le restaurateur.

Après notre conversation, j'embarque mon assiette en carton jusqu'à l'une des tables communales recouvertes de nappes à motifs. Sur l'un des murs jaunes est accroché un portrait de Cristina, tiré de la série Netflix. Face à moi, un *consome* fumant, un *tamal* emmailloté dans sa feuille d'épi de maïs et trois tacos barbacoa. Les tortillas sont plus sombres que toutes celles que j'ai pu goûter jusqu'à présent. Souples, tendres. La viande alignée sur chacun des disques est brillante et juteuse. J'en plie un et le porte à ma bouche en mimant, la tête penchée, la petite révérence qui permet d'en avaler la moitié en une bouchée. Si les tacos reflètent effectivement leur époque et leur territoire, il y a de quoi espérer qu'ils soient tous un peu plus comme ceux de Cristina Martínez et Ben Miller.

TORTILLA, MACHETE ET CLICHÉS

La scène est diffusée en 2000 à la télévision française : dans un supermarché anonyme, une caissière passe un paquet de « Nachips » devant son scanner. Plutôt que de retentir du bip familier, la machine entonne un air vaguement mexicain. Au passage de la boîte jaune suivante, un « Fajita kit », la femme en blouse bleue se met à danser. Ellipse. Dans sa cuisine, une famille blanche fort guillerette balance dans une poêle du poulet, des poivrons et le contenu d'un sachet d'épices, jaune lui aussi.

Old El Paso™ et ses préparations à burritos, fajitas et tacos sont l'une des premières introductions pour les Français·es à la cuisine mexicaine. Comme Taco Bell, l'entreprise basée dès 1917 à Old El Paso, Texas, a d'abord contribué à faire découvrir aux États-Unien·nes les spécialités voisines... non sans quelques adaptations arbitraires, comme ces « Pocket fajitas » (avec un fond pour éviter que la garniture ne s'échappe) ou ces « Taco bowls » (de pratiques petits récipients en pâte) présentés dans des publicités par l'acteur Danny Trejo, plus connu sous le blaze de Machete.

Chop suey, le plat qui n'existait pas

« "Papa, il faut qu'on arrête les coupons de réduction qui font venir ces touristes qui mangent des ribs à 10,99 dollars, boivent de l'eau du robinet et ne nous donnent jamais de pourboire." "C'est peine perdue, a dit mon père, personne ne va payer prix plein un steak cuisiné par des Chinois. Nous devons être compétitifs." "Mais tu as engagé un manager blanc qui se fait passer pour le patron et on donne pourtant toujours des coupons de réduction..." "Eddie, en Amérique, les immigrés ne peuvent rien vendre au juste prix", a répondu mon père. »

(Eddie Huang, auteur, restaurateur et *TV host*, dans un discours prononcé à la *National Immigrant Integration Conference* et intitulé « *No Coupons* ».)

Des morceaux de porc grands comme la moitié du pouce, des foies de poulet taillés en dés, des gésiers de la même volaille coupés en rondelles de la taille d'un sou, des champignons en conserve, des petits pois, des haricots verts hachés, des pointes d'asperges, des pousses de soja, du céleri, un oignon et de l'ail émincés, jetés dans un wok chauffé à l'huile d'arachide et arrosés d'eau, de sel et de poivre, avant d'être déposés sur du riz blanc. Si votre assiette a déjà rassemblé ces ingrédients, c'est que vous vous êtes attablé·e à Chinatown au début du 20ᵉ siècle. Puisqu'il y a peu de chances que ce soit le cas, l'humain étant à l'heure où je vous parle toujours contrarié par sa propre mortalité, je viens de vous servir le « chop suey » d'antan[11]. Un plat alors essentiellement disponible dans les cantines chinoises ouvertes dès le milieu du 19e siècle[12] par des chercheur·ses d'or repenti·es, des cheminot·es à la retraite ou des réfugié·es de la région de Canton[13]. De quelques milliers à l'époque, la diaspora chinoise aux États-Unis compte aux dernières nouvelles 3,8 millions de personnes et quelque 40 000 restos à travers le pays – soit plus que tous les McDo, Burger King et KFC réunis. J'ai vérifié sur Google Maps : il y a un restaurant chinois à Pinedale, une petite ville du Wyoming de 2030 âmes, et au moins deux pour les 1093 habitant·es de Belle Vernon, en Pennsylvanie. La plupart sont des boîtes familiales, où bossent principalement des Cantonnais ou des jeunes de la province du Fujian, venue·s tâter du fameux « rêve américain ». Ils gagnent entre 1200 et 3000 dollars par mois, selon leur poste et leur maîtrise de l'anglais, et sont emmené·es aux quatre coins des États-Unis par des compagnies de bus dédiées, des agences pour l'emploi spécialisées et des légalistes expert·es en droit d'asile, le tout formant un réseau clandestin méconnu de la plupart des mangeur·ses de porc sauce aigre-douce[14]. Je

---

[11] Tel que décrit dans un article du New York Times en 1902, intitulé « *How the Favorite Dish of the Chinaman Is Prepared* » (« Comment préparer le plat préféré du Chinois »).

[12] Le Census, outil de recensement particulièrement précis lorsqu'il s'agit de l'origine de la population états-unienne, fait pour la première fois mention de restaurateur·rices chinois·es en 1849.

[13] Entre 20 000 et 30 000 Chinois·es ont rallié la Californie durant la ruée vers l'or, suivi·es par d'autres compatriotes quand de l'argent fut découvert dans le Nevada en 1859, puis 10 000 de plus pour aider à la construction du premier chemin de fer transcontinental, terminé en 1869. D'autres fuyaient encore les catastrophes naturelles dans leur pays ou le conflit régional à Canton. Parmi eux, des cuisinier·ères de métier ou qui le deviendront en voulant s'installer durablement aux États-Unis.

[14] L'organisation est décortiquée dans une enquête de la journaliste Lauren

n'en ai aucune idée lors de ma dernière visite à Nom Wah Tea Parlor, ma cantine préférée du Chinatown new-yorkais. Avec son enseigne peinte jaune sur rouge délavé, ses idéogrammes néons, chaises en skaï rouge aussi, colonnes tapissées de miroirs, *booths* pas si intimistes et toilettes microscopiques, c'est l'un des plus vieux restos du quartier. L'adresse a été ouverte en 1920 par des proprios dont l'histoire a oublié le nom et apparaît dans une scène de *Spider Man 2*. En 2015, le gala du Met y a tenu sa pré-party – ce qui est étonnant mais pas complètement absurde compte tenu des bombesques baos que sert la maison, mais surtout de la gentrification et l'appropriation culturelle galopante de ces dernières années.

À Nom Wah Tea Parlor, j'ai englouti des brioches farcies de porc juteux, des raviolis remplis de bouillon qui vous dégouline sur le menton, des gyozas croustillants aux crevettes et à la ciboulette, de tendres liserons d'eau, des pattes de poulet grassouillettes et des gâteaux de navet vapeur électrisés de sauce XO. Mais jamais, lors d'aucune de mes visites, je n'y ai goûté de chop suey. À vrai dire, je n'aurais probablement pu le faire dans aucun des restos de Doyers Street. Ce plat, qui faisait rappliquer le Tout-New York au début du 20e, a perdu son pouvoir d'attraction glutamatique depuis qu'on s'obstine à manger « authentique » – qu'importe ce que ça signifie. Car le chop suey n'est pas à proprement parler un plat chinois. Non, c'est une invention – une invention chinoise certes, mais fomentée aux États-Unis. Les théories sur sa naissance sont

---

Hilgers : « Le réseau des restos » (parue dans le *New Yorker* en 2014 et traduite par Camille Bordas pour *Feuilleton* deux ans plus tard).

nombreuses et plus ou moins fumeuses : le plat aurait été concocté à partir de restes, des mains créatives d'un cuisinier cantonais acculé par un élu affamé, des noceur·ses en vacances ou encore des mineurs passablement éméchés. Une autre légende, jamais vérifiée[15], le lie à la visite d'un dignitaire chinois, Li Hongzhang, même si on ne sait plus si le chop suey avait été servi par le chef qui l'accompagnait[16] ou par l'Hôtel Waldorf, en l'honneur de son illustre invité. Qu'importe dans quel wok il est apparu, le chop suey n'a toujours eu qu'une mission : plaire aux États-Unien·nes. En potassant l'histoire de la jeune nation, je découvre que quarante ans avant l'Immigration Act[17], le Congrès avait déjà tenté le coup en signant le Chinese Exclusion Act. En 1882, la loi taillait dans le nombre d'immigrant·es accepté·es sur le territoire et imposait de nouvelles conditions à la naturalisation de celles et ceux qui y étaient déjà installé·es. Le texte mettait de l'huile sur le feu de la méfiance (ou disons-le plus honnêtement, du racisme) qu'exprimaient déjà les États-unien·nes blanc·hes envers la communauté chinoise du pays. Jusqu'en 1943 et la suspension du Chinese Exclusion Act, les seul·es à pouvoir mettre un orteil aux USA étaient des faiseur·ses de dollars, des étudiant·es et profs bien pistonné·es, et des diplomates. Aux Nord-Américain·es qui osaient s'aventurer à

---

[15] Le récit ne tient pas, puisqu'un article du *New York Journal* intitulé « Le drôle de plat servi par le cuisinier-volailler de Li Hung Chang au Waldorf » date de 1896, alors qu'on en préparait déjà à Chinatown une décennie plus tôt.

[16] Il y a en réalité de fortes chances qu'on ait cuisiné une version plus ou moins proche du chop suey à Guangdong, dans la province de Taishan, dont de nombreux Chinois·es installé·es aux USA étaient ressortissant·es. Mais la spécialité locale comprend des abats, des pousses de soja et de bambou, des oignons et des fruits de mer séchés.

[17] J'en parle dans le chapitre précédent.

Chinatown, où les étranger·ères étaient cantonnés, on servait donc des assiettes qui avaient le potentiel d'emballer leurs papilles et leur portefeuille, soit des plats faciles à gober, riches, sucrés, viandards et copieux – comme la néo-spécialité sino-américaine, le chop suey. Rien de ce qui constituait la « vraie » cuisine chinoise, donc. « L'assimilation requiert d'adopter une langue étrangère », analyse la journaliste d'origine chinoise Jiayang Fan. « Lorsque vous n'avez le choix qu'entre l'annihilation et l'adaptation, vous choisissez cette dernière. C'était vrai pour les hommes et femmes préhistoriques, comme ça l'est pour les jeunes migrant·es déraciné·es, aux États-Unis. » Malgré le Chinese Exclusion Act qui contraignait l'entrée dans le pays, dans les années 1920, chacun des restos chinois de New York était staffé d'en moyenne cinq serveur·ses et presque autant de cuistot·es[18]. Ils servaient les secrétaires new-yorkaises et les bobos[19] en goguette affluant à Chinatown pour ses larges portions de plats roboratifs, pas chers et jouissifs, mais surtout pour ses enseignes à chop suey[20], le dernier délice à la mode[21]. L'historienne Samantha Barbas parle d'un

---

[18] 307 patron·nes de restaurants et 3 275 cuisiner·ères chinois·es alimentaient l'État de New York.

[19] Bien que j'abhorre le terme « bobo », il est ici utilisé en référence aux « Bohemians », le nom que se donnaient les jeunes artistes new-yorkais·es plutôt progressistes et avides de sensations, notamment culinaires, qui écumaient alors Chinatown.

[20] Les premiers restaurants spécialisés en chop suey sont apparus dans les années 1880. La décennie suivante, ils avaient conquis New York, mais aussi San Francisco, Philadelphie, Chicago et bien d'autres villes.

[21] Le chop suey en particulier et la cuisine chinoise en général seront détrônés (ou du moins rejoints) dans les années 70 et dans le cœur des États-Unien·nes par d'autres cuisines importées.

véritable phénomène[22], une « folie chop suey » : les journaux nationaux se mettent à chroniquer les tables spécialisées et à professer l'art de manier les baguettes, les magazines partagent les recettes infaillibles pour réussir leur chop suey aux « ménagères », qui remplacent les biscuits de leurs parties de mahjong par des lychees, l'armée imprime dans son livre de recettes sa version patriotique du plat[23], les prisons le servent au dîner, l'industrie le met en boîte[24] et le congèle[25] pour mieux le grand-distribuer, Louis Armstrong et bien plus tard System of a Down lui consacrent un morceau[26], et le peintre Edward Hopper lui rend hommage dans une peinture qui sera vendue 92 millions de dollars[27]. Bref, le chop suey est partout. Il devient une icône, un emblème d'assimilation, mais aussi de la cuisine états-unienne, aux côtés du hot-dog et de l'*apple pie*. Un mets national.

[22] Phénomène qui n'est pas sans rappeler l'engouement pour les sushis, ou plus récemment encore, les ramens.

[23] Et donne naissance par la même occasion au « chop suey américain », une melting-popote incluant du haché de bœuf ou de l'épaule de porc, de la sauce barbecue, du chou et des poivrons verts. L'ouvrage ménager *Practical Home Economics* paru en 1919 remplace quant à lui le chou et les oignons par des tomates et du persil – une sorte de bolo chopsueyesque, en somme.

[24] En 1920, un jeune diplômé blanc du Wisconsin et son partenaire d'affaires d'origine coréenne fondent La Choy Company (un mélange créatif de l'article francophone et du nom corrompu « choy »), qui met en conserves du chop suey avec un succès qui perdure aujourd'hui.

[25] Après la seconde guerre mondiale, les États-Unien·nes se mettent aux plats surgelés et retrouvent sous la marque Golden Pagoda des chop suey et chow mein congelés.

[26] « Chop Suey Cornet » pour le trompettiste et « Chop Suey » tout court pour les metalleux.

[27] La toile nommée « Chop Suey » (1929) a été vendue pour cette somme record en 2018. Le restaurant qui y est dépeint serait inspiré de deux enseignes chinoises aujourd'hui disparues ou remplacées : le Far East Tea Garden à Manhattan et l'Empire à Portland.

Au pays de toutes les libéralités, l'histoire du plat « qui n'existait pas » aurait pu s'arrêter là. Sauf qu'une fois affichée en tête de gondole dans les allées de supermarchés, quelle valeur possède l'intégration – un drôle de terme pour dire qu'on est toléré ? « Ni le pouvoir politique ou culturel, ni de nouvelles politiques migratoires ou des frontières démilitarisées. Juste une abondance de tacos », ou de chop suey, pour paraphraser la journaliste et autrice engagée Alicia Kennedy, qui s'interroge encore : « Quelle est la valeur de "l'acceptation" en dehors du capitalisme ? » Si la cuisine chinoise (et ceux qui la préparent) veut grimper les mêmes échelons que, disons, la cuisine japonaise, il faudra donc que la Chine continue son ascension économique de ces dernières décennies. En clair, dans une nation où la culture fait la lèche au capital, il lui faut peser dans le game pour avoir l'étoffe de ceux qui envoient du lourd sur les tables états-uniennes[28]. Sauf qu'entretemps, trop d'Instagrammeur·ses blanc·hes se seront offusqué·es qu'en route, la cuisine chinoise se soit « perdue ». Avec le chop suey d'abord, puis toutes les hybridations sino-coolinaires qui ont vu ensuite le jour : son pendant nouillesque le chow mein, le poulet du General Tso[29], le crab rangoon, et plus récemment le mapo tofu ragù[30] ou encore la méga fusion mochi/xiao long bao/choco de la chaîne étoilée

[28] C'est ce que l'auteur Krishnendu Ray appelle la « subordination culinaire » : « Plus une économie nationale grimpe les échelons du développement, plus sa culture, en ce compris sa culture culinaire, est dotée de nouveaux attributs de la classe supérieure », comme on a pu le voir se produire de manière impressionnante avec les cuisines italienne et japonaise.

[29] Le haut gradé devient Tao en France.

[30] Un mashup italiano-coréano-chinois servi un temps par les chefs David Chang et Thien Ho au Momofoku Ssam Bar, et gravé pour la postérité sur le site du *New York Times Cooking*, je dis ça, je dis rien.

Din Tai Fung. C'est la même attitude qui me fait commander des tripes et des pattes de poulet avec mon riz sauté, alors que je n'aime même pas vraiment ça : la recherche d'authenticité, ou du moins le sentiment de pittoresque exclusivité qu'on s'ingénie à susciter en réclamant le dernier niveau de piquant chez Trois fois plus de piments[31]. Celui également qui fait poser celles et ceux qui ont le capital économique (et donc culinaire, dans cette logique) comme les juges de ce qui est véritable – et de ce qui est *fake*[32]. Mais la poursuite de l'authenticité culinaire, c'est la nostalgie d'un autre temps, d'autres vies que les nôtres et d'une culture qui n'existe bien souvent que dans notre tête. Fille d'immigrés vietnamiens aux États-Unis, et l'une des plus jeunes et influentes critiques gastronomiques actuel·les, Soleil Ho décortique l'impact de cette chasse : « C'est particulièrement désarçonnant pour les enfants américanisés. Nos potes foodies nous apprécient pour notre capacité à leur montrer le menu caché de nos cuisines, mais l'intérêt s'arrête généralement là. Quand je parle aux Américains blancs des sandwichs margarine-Maggi et des bols de riz à la charcuterie que je m'enfilais gamine, ils ont tendance à froncer les sourcils en se demandant pourquoi diable je rejetais l'incroyable et authentique cuisine vietnamienne de ma grand-mère pour de telles bâtardises. Ce que je ne leur réponds jamais, c'est : "Je voulais être comme vous". » Elle ajoute : « La nostalgie piège les

[31] Un resto parisien de spécialités sichuanaises qui permet de choisir son degré de piment sur une échelle de 0 à 5, le dernier niveau provoquant vraisemblablement un AVC à quiconque trempe ses baguettes dans le bol de nouilles.

[32] Souvent traduit dans l'inconscient collectif par « made in China ».

choses que vous aimez dans des bocaux en verre, vous laissant apprécier leur beauté préservée jusqu'à ce qu'elles finissent par crever d'ennui ou de faim. »

La célébration de cuisines chinoises « authentiques » est juste une autre forme de domination déguisée en intégration. Résultat, le chop suey autrefois adulé est devenu une insulte, le synonyme d'un douteux mélange dans une société en quête de pureté. Pourtant, on a longtemps froncé le nez, dégoûté, devant un canard suspendu en vitrine – aussi tradi son laquage soit-il. En réalité, dès la ruée vers l'or californienne, puis vers l'argent au Nevada, les arrière-cuisines de l'immigration chinoise ont été observées avec dégoût, considérées comme crasseuses et suspectées de contenir de la viande de rat, de chien, de chat. Le *New York Times* publiait des articles aux titres écœurés (« Un poulpe mangé par des Chinois », 1880) ou carrément insultants (« Des trucs trouvés dans les poubelles servent de nourriture à certains », 1883). Après la guerre du Vietnam, les réfugié·es se voyaient offrir à leur entrée aux États-Unis des « conseils d'hygiène » et la recommandation d'éviter les odeurs de cuisine qui pourraient incommoder les délicates narines locales. Récemment, Anita Manuur, professeure d'anglais à l'Université de Miami et autrice d'un livre sur la racialisation alimentaire, faisait le lien entre cette xénophobie culinaire et le climat anti-asiatique récent, alors que des restos étaient tagués de messages tels que « Des mangeurs de chiens vivent ici ». D'autres adresses de Chinatown, déserté par ses visiteur·ses dès le début de la pandémie, ont témoigné recevoir quotidiennement des appels malveillants, demandant s'ils servaient du chien et du chat avec un accent cliché. La terrible réalité, c'est que la communauté chinoise est à nouveau la cible d'attaques racistes décomplexées depuis que le Covid est dans les parages. En 2020, rien qu'à New York, la police a enregistré une augmentation de 1900 % des cas de violences anti-asiatiques. Mes propres recherches ont aligné une série d'attaques particulièrement choquantes. Dans cette galerie des horreurs, on trouve des coups, immolations et meurtres xénophobes avérés à travers tous les États-Unis. À l'heure où j'écris ces lignes, la dernière victime en date est une femme cognée 125 fois, piétinée et souillée dans son hall d'immeuble après que son agresseur l'a accablée d'insultes racistes. Le chef hongkongais Lucas Sin, dont l'enseigne Junzi Kitchen cartonne[33] par ailleurs, a quant à lui esquivé un jet de néon, « lancé comme un javelot ». Au lendemain de la fameuse sortie de Donald Trump qui qualifiait le Covid-19 de « virus chinois[34] », la critique culinaire Jiayang Fan a reçu ce message d'un inconnu sur Twitter : « Vous les Chinois, vous bouffez de la soupe de chauve-souris et des souris vivantes, pas étonnant que ce coronavirus ait commencé, vous gros dégueulasses mangez de la merde qui a la rage », disait le DM. L'aphorisme de Brillat-Savarin « Dis-moi ce que tu manges, je te dirai ce que tu es » n'a jamais autant impliqué

[33] Luca Sin est aussi derrière le projet Nice Day, qui veut revaloriser la cuisine chinoise à emporter.

[34] À l'aube de l'épidémie de Sars-Cov-2 en 2020, Trump avait qualifié le virus de « chinois » dans un tweet qui a entraîné une vague d'indignation, mais aussi son lot de commentaires anti-asiatiques. Le président d'alors s'était défendu en affirmant qu'il avait tenté à sa manière de combattre une campagne de désinformation en provenance de Pékin. Celle-ci propageait que la maladie était née dans des laboratoires de l'armée états-unienne. L'homme d'affaires avait ensuite tweeté : « Il est très important que nous protégions notre communauté sino-américaine », qui ne devait pas être rendue responsable de la pandémie.

de confondre les particularités culinaires d'une minorité avec toute une communauté. « En tant qu'immigrée chinoise, mon corps est vu comme le véhicule fertile d'un sinistre virus, trop rapide et trop puissant, prêt à lâcher les spores de sa maladie à travers le monde entier », décrypte la journaliste culinaire Zoe Yang. En conséquence, l'une des premières actions de Joe Biden, une fois installé à la Maison Blanche, a été de publier un décret présidentiel condamnant les discriminations subies par les communautés asiatiques aux États-Unis[35].

Alors que les immigré·es chinois·es ont toujours (et souvent avec violence) été circonscrit·es à leur cuisine, une nouvelle génération réclame sa part du gâteau. Et de la façon la plus directe qui soit dans ce pays : par l'argent. Après avoir tenté de gagner un peu de respect à coups de thé gratis, de coupons de réduction et de menus A et B, certain·es restaurateur·rices appliquent désormais la méthode inverse. Dans son enseigne de San Francisco Mister Jiu's, le chef d'origine chinoise Brandon Jew n'hésite par exemple plus à charger 145 dollars pour un canard à la pékinoise. Après tout, les ingrédients proviennent de fermes locales et ses talents ne valent pas moins que ceux d'un·e cuisinier·ère qui servirait, disons, un excellent pithiviers. Mais de manière assez étonnante, ces chef·fes n'ont pas renoncé à faire entrer leurs créations dans le canon états-

[35] Pas vraiment une loi, le texte recommande que les autorités sanitaires démontrent une « compétence, un accès et une sensibilité aux personnes asiatiques résidant aux États-Unis » et que la justice consacre une attention particulière aux crimes de haine les visant. À son annonce, les soutiens de Donald Trump se sont indignés, clamant que le décret l'attaquait directement, lui qui avait fait passer des mesures similaires – essentiellement symboliques elles aussi.

unien. Car depuis le chop suey, aucun plat inspiré de la cuisine chinoise n'a connu telle adoration nationale. Comme Tim Ma et ses mapo gnocchi à Washington D.C., Mei Lin et sa mapo lasagne à Los Angeles et Nick Liu et son Big Mac bao à Toronto, Lucas Sin souhaite la même destinée que le chop suey à son mapo mac and cheese – une glorieuse casserole de macaronis, shiitakes et saucisse chinoise, saucée de fromage fondu, poivre du Sichuan, gingembre, huile pimentée et doubanjiang. Pas pour s'intégrer, cette fois, mais pour servir de terreau aux ambitions de jeunes chef·fes qui, comme eux, veulent prouver que la cuisine chinoise et ses représentant·es ont un avenir aux États-Unis – radieux de préférence. « Il faut que ce soit un plat chaud », cogite Lucas Sin. « Épicé mais sans piments. Sucré et pas trop amer, ni trop aigre ou acide. L'Amérique moyenne doit l'accepter. Mieux, elle doit en crever d'envie. »

LE SYNDROME DU RESTAURANT CHINOIS

Bouffées de chaleur, sueurs, maux de tête, nausées ou encore palpitations après une orgie de nouilles sautées au bœuf... Vous ne nous couveriez pas un petit syndrome du restaurant chinois ? Depuis des dizaines d'années, des client·es se plaignent d'être sujet·tes à ces symptômes, qu'ils et elles lient directement à la présence de glutamate monosodique, ou MSG, dans certains plats chinois. Le MSG est un additif alimentaire, que vous trouverez peut-être sur l'étiquette d'un produit transformé sous la mention E621. →

Avant d'être synthétisé artificiellement, il a été découvert par un chimiste japonais, un certain Kikunae Ikeda. Nez fin, Ikeda est celui qui a réellement identifié et défini en 1908 l'umami, le « goût savoureux » comme il est parfois traduit, que le gastronome Brillat-Savarin appelait quant à lui « osmazome ». Ikeda l'a pisté dans un bouillon de kombu, une algue japonaise. En bon scientifique, il en a isolé et extrait l'acide glutamique, qu'il a transformé en sel (au sens chimique du terme) puis fait breveter – et paf, ça fait du glutamate monosodique. Le MSG a été commercialisé dès 1909 par la marque « Ajinomoto », qui signifie « essence du goût ». Et la grande majorité des études sur le sujet le confirment : à part dans des doses très, très importantes, le glutamate monosodique n'est pas dangereux et ne provoque aucun des symptômes cités. Ce qui amène certain·es à croire le contraire a été appelé « syndrome du restaurant chinois » : une tendance infondée à penser que la cuisine chinoise est intrinsèquement mauvaise pour les Occidentaux. Soit une forme de racisme culinaire, si l'on y pense bien, puisqu'il n'existe pas de syndrome équivalent pour les gastronomies française et italienne, même si le roquefort et le parmesan contiennent autant de glutamate libre qu'un plat chinois.

L'indice pizza

« Quiconque assure que l'argent ne peut acheter le bonheur n'a clairement jamais dépensé son argent en pizzas. »

(Andrew W.K., *The Village Voice*, 2014.)

Il existe des tas de raisons de s'engueuler avec l'être aimé, et aux États-Unis, commander une pizza en fait partie. Il fait -10° C ce soir-là et s'engouffrer chez Roberta's est une bénédiction surchauffée. L'iconique pizzeria de Bushwick débite des cartons par kilos dans ce qui fut autrefois un garage à bagnoles (à Bushwick, tout fut autrefois un garage à bagnoles) au sol cimenté et aux murs briqués. L'annexe copieusement taguée abrite quant à elle une vaste salle au look indus' et aux longues tables communales en bois. Ici, les pizzas sont certes napolitaines, mais leur âme est définitivement new-yorkaise – la version artistiquement gentrifiée. À l'ouverture de Roberta's en 2008, la ronde la moins chère coûtait sept dollars et la plus bling quinze. Aujourd'hui, le menu propose des pizzas entre seize et vingt-quatre dollars, et si l'envie vous prend, des ris de veau également. Mon partenaire de graille, puriste sur les bords (bien cuits), n'hésite pas une seconde et m'annonce, tout fier, qu'il prendra une margherita. De mon côté, j'oscille un moment entre une Axl Rosenberg (du nom du cofondateur d'un magazine metalleux) tapissée d'ail, de soppressata, de champignons et de jalapeños, et une Lil Stinker avec mozzarella, oignons, double ration d'ail (?!) et salami. J'opte finalement pour la fameuse Famous : sauce tomate acidulée, mozza filante, caciocavallo, parmigiano, origan et chili. J'ai déjà mangé chez Roberta's et je sais que sous la liste d'ingrédients ronflants, il s'agit en fait d'une margherita améliorée. Je le fais remarquer à mon compagnon de table, espérant lui faire commander une Axl Rosenberg dont je planifie déjà de manger la moitié, mais il n'en démord pas : une simple margherita ce sera. S'en suit un débat échauffé à l'IPA locale entre les deux parties, entre rigorisme culinaire et logique du partage, auquel met fin le serveur probablement agacé par la lenteur et le volume sonore de cette table d'étrangers. Les *marghe* et Famous, sensiblement similaires, finissent par s'exhiber sur leur assiette en alu et devant nos gueules froissées, nous obligeant à enterrer la hache de guerre en rompant le pain. Et force est de constater que la pizza de mon voisin est sensiblement meilleure que la mienne, à la garniture triste et sèche comme un jour sans faim... La bouche toute pleine de l'autre se tord dans un sourire mauvais teinté d'un plaisir sadique : c'est la victoire du classicisme pizzaïolesque ! Mais alors que le serveur passe tout près de notre table, je l'attrape par la manche et l'oblige à avouer : laquelle, bon sang, est la margherita ? Blasé, il pointe mon assiette, sans comprendre notre fou rire.

Que vous soyez à New York, Chicago ou Détroit, la meilleure manière d'assister à une bagarre générale est de demander où se trouvent les meilleures pizzas. Mais s'il existe autant d'avis différents que d'horreurs sur la carte d'un Domino's, la passion pour ces galettes bodybuildées et généreusement toppées, elle, est la même partout. Aux États-Unis, il s'en avale 350 parts toutes les secondes, soit trois milliards de pizzas par an[36], écoulées par les quelque 75 000 adresses du pays. L'histoire enfourne des *pizze* depuis le 17e siècle au moins, mais elles n'avaient alors pas grand-chose à voir avec la Lil Stinker de Roberta's : à l'époque, c'était un pain matefaim tartiné de saindoux et agrémenté d'herbes – pour le « goût ». Elle ne deviendra la pizza napolitaine aux trottoirs gonflés qu'on connaît que bien plus tard. Reste que Naples est bien son berceau, où les *lazzaroni*, le « petit peuple », la graillent à même la chaussée entre deux besognes, comme le raconte l'anthropologue Sylvia Sanchez. On la chope dans des plateaux en étain posés en équilibre sur la tête de vendeur·ses de rue, ou directement au *laboratorio*, la modeste pizzeria de l'époque. C'est un casse-dalle à portée de toutes les bourses, ou presque. Elle coûte trois fois rien, mais même à ce prix-là, certain·es ne peuvent la payer comptant et l'achètent donc... à crédit. Et pour celles et ceux qui ont encore moins, contre quelques sous hebdomadaires (une sorte d'abonnement), les pizzaïoli mettent de côté les croûtes abandonnées par les noceur·ses plus fortuné·es. Avec le temps, on finit par trouver des rondes en version *bianca* ou *rossa* – une autre innovation fauchée. Les Napolitain·es adorent déjà la pasta, mais si elle ne coûte pas vraiment un bras, elle est tout de même plus chère qu'une pizza. Faute de pouvoir se payer une plâtrée de macaroni, les lazzaroni s'offrent donc sa garniture bien saucée et font monter la tomate sur un trône panifié. Et si la faim justifie les moyens, ils ne seront néanmoins pas suffisants pour empêcher l'immigration de 26 millions d'Italien·nes entre la deuxième moitié du 19e siècle et le début

[36] En comparaison, en France, il s'en est vendu 1,1 milliard en 2018.

du 20e. Parmi eux, six millions prennent le bateau pour le pays de cocagne que sont alors les États-Unis et recréent leur « Little Italy » dans les grandes villes du pays. Où les nouveaux·lles venu·es sont moqué·es pour leur accent, leur gueule, leurs manières paysannes et leur cuisine chargée en herbes et ail. Mais de la même manière que je n'ai jamais vu un peuple avoir autant la main lourde sur la gousse que les États-Unien·nes, ces dernier·ères vont finir par tomber follement en amour avec la cuisine italienne, et plus particulièrement avec sa curieuse tarte à la tomate. On estime à 10 000 le nombre de restos italiens à New York dans les années 1930, mais c'est véritablement au sortir de la guerre et grâce aux G.I. ayant battu la campagne italienne que la pizza se popularise outre-Atlantique[37]. Elle fait dès lors moins penser aux pauvres immigré·es qui l'avaient importée qu'à la glorieuse victoire sur le fascisme européen. Et entre, par la même occasion, dans l'histoire états-unienne.

Je dis « la pizza », mais je ferais tout aussi bien d'écrire « les pizzas », puisque leur pays d'adoption a donné naissance à une multitude de variations locales, allant parfois jusqu'au syncrétisme frankensteinesque. Je me souviens de l'aberration que représentait, pour l'étrangère que je suis, ce carton ouvert devant une télévision qui diffusait un match de football américain, et qui exhibait la sauce tomate *sur* le fromage. En mordant dans cette *tomato pie*[38], je m'étais brûlée le palais avec la sauce tandis

---

[37] La petite mythologie italo-américaine veut que ce soit le Napolitain Gennaro Lombardi qui ouvrit la première pizzeria de New York en 1905. Ses employés Anthony Pero et John Sasso suivirent avec les non moins iconiques Totonno's à Coney Island et John's Pizzeria dans le Greenwich Village.

[38] On la doit aux frères De Lorenzo, de Trenton, qui sont venus avec cette idée

que tout le fromage caoutchouteux était parti avec ma première bouchée, laissant la part ridiculement nue. Ailleurs, à Détroit par exemple, la belle est épaisse et rectangulaire aux bords couverts de fromage quasi-calciné[39], et la chaîne Jet's la livre avec une bouteille de sauce « ranch », plus connue pour accompagner les salades que les pizzas. Une « buffalo ranch chicken » avec mozza, poulet grillé, bacon, oignons rouges et sauce buffalo/ranch nourrit facilement quatre bouches pour 24 dollars. En Californie, l'illustre Chez Panisse piloté par Alice Waters, à qui l'on doit la vague de restaurants *farm-to-table* aux USA[40], a inventé en 1980 la « gourmet pizza » : légère, croustillante et garnie d'ingrédients ultra-frais et locaux – pas de fromages italiens et souvent pas de tomate non plus, mais du canard et de la sauce hoisin pour 26 dollars par personne, minimum. Le « pizza effect[41] » décrit ce phénomène qui consiste à embrasser un élément culturel d'une autre nation, à le transformer, puis à le faire adopter à son tour par sa patrie d'origine. Il explique que dans le village sicilien de mes grands-parents, je me sois un jour retrouvée à côté d'un couple de jeunes Italiens attablés devant une pizza à la Knacki. Mais la plus populaire des adaptations italo-américaines est probablement la Chicago style, née de la collab' d'un Texan et d'un Italien, Ike Sewill et Rik Riccardo. Chez

---

adaptée aux goûts états-uniens en 1938, selon Sylvia Sanchez.

[39] La légende veut que ce soit Anna Guerra, une fille de Siciliens, qui inventa en 1943 la Detroit style pizza en faisant cuire sa pâte à pizza dans un moule en acier, normalement utilisé pour transporter des pièces détachées de voiture.

[40] J'en parle bien plus longuement dans le chapitre sur le PB&J.

[41] Un concept proposé par le professeur en anthropologie de l'Université de Syracuse Agehananda Bharati en 1970, pour décrire initialement un phénomène religieux.

Uno, on enfourne depuis 1943 un imposant édifice gluténique composé de couches de garnitures[42] unies par un maillage de fromage, le tout cuit dans un moule et au four électrique pendant 45 minutes. La docteure en anthropo Sylvia Sanchez parle d'une tendance, chez les États-unien·nes, à la « stratification » – plutôt qu'à la dispersion pour les Italien·nes. « Cette stratification est intimement liée à la notion d'abondance qui, répétons-le, a été l'une des premières motivations des candidats à l'immigration. (...) Le cumul des victuailles était alors plus important que la manière dont elles pouvaient être apprêtées. La pizza pouvait donc être enrichie sans limites », analyse-t-elle. La pizza US est un totem à avaler tout rond, une effigie du rêve américain qui veut que n'importe qui puisse réussir – et donc devenir riche[43]. Ce qui pourrait constituer un sacré paradoxe, quand on y pense. Car à Naples comme aux États-Unis, avant d'être récupérée par des chef·fes au salaire de footballeurs, la pizza était un plat de pauvres urbain·es. Aujourd'hui encore, dans certaines enseignes, elle continue de s'emporter en échange de quelques dollars. Elle est une sorte de mets universel, que tout le monde, ou presque, a les moyens de se payer – un « minimum identitaire ». Une pepperoni est d'ailleurs parfois la seule indulgence que peuvent offrir certains parents à leurs enfants, dans un pays où 37,2 millions de personnes vivent dans la

[42] Des tomates en dés, de la saucisse italienne, de la mozzarella, mais aussi des épinards ou encore du parmesan dans sa version « stuffed ».

[43] Les États-Unien·nes avaient également du mal, à l'origine, à appréhender le « séquençage » du repas italien. Puisque la pizza ne suffisait pas, à leurs yeux, à constituer un repas complet, elle a été lestée. C'est la même logique qui a donné naissance aux très aimés *spaghetti and meatballs*, qui rassemblent dans le même plat *primo* et *secondo piatti*.

pauvreté[44]. « Leurs circonstances financières les forcent à devoir refuser toutes les demandes de leurs enfants – une paire de Nike, une excursion à Disneyland... Ce n'est pas seulement dur pour les enfants, ça l'est aussi pour ces parents modestes, les laissant avec un sentiment de culpabilité et d'inadéquation », explique la sociologue Priya Fielding-Singh après avoir observé les habitudes alimentaires de 73 familles durant près de 10 ans. « Honorer leur demande en junk food permet à ces parents de montrer à leurs enfants qu'ils les aiment, qu'ils les écoutent et qu'ils peuvent subvenir à leurs besoins[45] ».

En temps de crise, la pizza est une valeur refuge pour les États-Unien·nes. « C'est la chose vers laquelle les gens se tournent en période difficile », confirme Scott Wiener, le boss de Slice Out Hunger, une asso qui a levé depuis 2009 près d'un million et demi de dollars pour lutter contre la faim, en vendant des pizzas. Pas étonnant qu'en pleine pandémie, elles soient devenues un symbole de résilience et de solidarité – des bouées dégoulinantes de fromage. Sur les paliers d'appartements covidés d'abord, où la plateforme de livraison Slice a déposé le double du nombre habituel de commandes en avril et mai 2020. Au menu ? Pizzas bien cuites pour annihiler les germes, ou au contraire, juste dorées pour conserver du rab au frigo pendant plusieurs jours. Au pied d'immeubles ensuite, comme celui de

[44] Soit 11,4 % de la population états-unienne en 2020.

[45] J'aime aussi l'histoire de cette enseigne qui jouait alors ce rôle en offrant à des couples une cérémonie et réception de mariage, pizza, alcool et gâteau inclus, au sein de la pizzeria à l'occasion de Pi Day. En 2017, un couple qui s'était rencontré en travaillant pour une banque alimentaire racontait que c'était une délicieuse manière de franchir le pas, dans une société où les mariages sont aussi spontanés que possiblement chers.

la pizzaïola Miriam Weiskind, qui a cuit des centaines de pizzas dans son appartement de Brooklyn pour restaurer celles et ceux qui en avaient le plus besoin – dans les hôpitaux, en manif et dans les bureaux de vote enfin, pour sustenter les corps en mouvement quand l'heure était au confinement. Mais en temps normal à New York, le meilleur endroit pour s'offrir un humble plaisir ou simplement se nourrir est le *pizza parlor* : un comptoir de quartier où, contre quelques dollars, on vous sert la pizza à la part. Soit la version ricainisée du laboratorio napolitain qui fourgue, comme là-bas, de quoi se ravitailler sans avoir besoin de s'arrêter. C'est l'idée de Frank Mastro, un immigré et entrepreneur italien, qui, au milieu des années 30, a vu dans la slice le même potentiel que le populaire hot-dog : avec un four électrique et quelques lampes chauffantes, on pouvait sustenter toute la journée des New Yorkais·es pressé·es, sans que ceux-ci n'aient à s'attabler. Alors que les McDo et KFC ont d'abord poussé le long des axes routiers, les *slice joints* sont la station essence de l'urbain·e sans bagnole, mais avec une famille à nourrir et, toujours, un travail à accomplir. À la carte de Di Fara, dont le décès du patron Domenico DeMarco en 2022 a donné lieu à un hommage d'une demi-page dans le *New York Times*, une belle et fine slice garnie de tomate, fromage et basilic coûte cinq billets verts, et deux de plus pour chaque *topping* : pepperoni, champignons, saucisse, oignons, olives, poivron... Et il n'y a rien qui ne rassemble mieux les New Yorkais·es que cette pizza arrachée à la dureté de la ville, au coude à coude avec un ouvrier du bâtiment, un ado mal réveillé et une trader en escarpins. C'est dans les pizzerias que le rêve d'une cité pétrie de diversité devient une réalité, elle-même reprise dans les fictions les plus aimées, du film *Do the Right Thing* de Spike Lee au jeu vidéo *Spider-Man 2*.

« Il y a trois constantes dans la vie : la mort, les taxes et l'excellence des slices de Joe's », peut-on lire sur l'un des murs de cette enseigne new-yorkaise ultra-populaire, où trima un temps l'homme-araignée. Pour beaucoup, une autre constante de l'existence est le prix de la *dollar pizza slice* : un dollar la part, comme son nom l'indique. Sauf que ces *parlors*-là sont désormais en voie d'extinction, la faute à une inflation galopante aggravée par une guerre à l'autre bout du monde. En février 2022, les États-Unis ont enregistré une hausse annuelle de l'index nourriture de 7,9 % – la plus importante depuis 1981. Six mois plus tôt, les pizzaïoli s'inquiétaient déjà de voir leurs revenus diminuer de moitié et les factures de leurs fournisseur·ses augmenter pour atteindre des prix jamais vus avant la pandémie... Et tous les ingrédients de la pizza sont concernés : pendant la première année de l'épidémie de Covid 19, le transport des tomates en boîte en provenance d'Italie ou de piments venus d'Inde a explosé, et des scandales liés à la sécurité des employé·es des usines de conditionnement de viande ont également impacté les prix des pepperoni, la garniture préférée des États-Unien·nes. Ces coûts ne sont jamais revenus au niveau d'avant l'épidémie. Le fromage, dont le secteur avait été relativement bien soutenu par le gouvernement, avait été jusque-là épargné, mais le Département de l'Agriculture a prévenu que ça ne saurait durer, l'industrie laitière ayant souffert de la météo. Et puis il y a la farine de blé, dont la production nord-américaine a été terrassée, elle aussi, par des épisodes de sécheresse, et qui, en l'absence de grain russe et ukrainien, qui compte pour près de 30 % des exports de blé mondiaux, voit diminuer ses réserves et s'envoler ses prix. « La dernière fois qu'on a manqué de blé, ça a donné lieu au Printemps arabe. Quand les gens n'ont pas leur pain, ils sont en colère », analyse un haut placé d'un gros fonds d'investissement, plus perspicace que Marie-Antoinette. C'était sans compter encore le manque de main-d'œuvre qui frappe toute la restauration, et auquel les patron·nes tentent, dans le meilleur des cas, de faire face en proposant de meilleurs salaires, ou encore l'absence d'une partie des déjeuneur·ses restée en télétravail. Mis bout à bout, tout cela met une sacrée pression financière sur les pizzerias de quartier, qui la répercutent sur leurs client·es – souvent à contre-cœur, d'ailleurs. Les premiers comptoirs de pizza à un dollar ont ouvert près de refuges pour personnes sans abri, et plus généralement dans des quartiers populaires, ou une part pas chère n'est pas qu'un plaisir – elle est un besoin. Après avoir pullulé dans les sixties, ces *pizza parlors* avaient d'ailleurs connu un regain de popularité avec la récession de 2008.

Mais à quelques rues de là, parfois, vient se planter un autre genre de pourvoyeur de rondes. Comme les néo-bistrots français, les néo-pizzerias à la Roberta's ont réinstallé les fours à bois, fait grimper la qualité de leurs ingrédients et mis du levain naturel dans leur pâte, à l'image de Best Pizza (tout est dans le nom) à Williamsburg ou plus récemment Scarr's dans le Lower East Side. À L'Industrie, le chef italien Massimo Laveglia source tout en Italie mais enfourne de belles new-yorkaises, tandis qu'à Sauce, on trempe ses restes de croûte dans un petit pot de *gravy tomaté*. Toutes se présentent comme des pizzerias de quartier. La plus improbable, peut-être, est l'enseigne des frères Halali, Upside Pizza. Le duo était déjà proprio de 2 Bros., une chaîne de *dollar-slice pizza parlors* dans le plus strict esprit de la street : pas de typo branchouille ni de cartons à pizza sérigraphiés, une part roborative *e basta*. À Upside Pizza, la mozza est fraîche du jour, préparée chaque matin à la mano au sous-sol, et la montée de la pâte surveillée de nuit par le chef lui-même, grâce à un système de caméras. Les pizzas sont ensuite enfournées dans un four de compet' à 50 000 dollars – contre moins de 15 000 chez 2 Bros. D'un côté, la *cheese slice* coûte toujours un dollar[46], de l'autre, le tarif est trois fois plus élevé. D'un côté, les ingrédients sont castés avec soin et préparés avec méthode, de l'autre, la pizza est nourrissante dans le sens le plus littéral, mais bas de gamme du terme. D'un côté, il y a celles et ceux qui cherchent (et trouvent) le luxe d'un produit basique réinventé, de l'autre, une population qui n'a pas d'autre choix pour se nourrir entre deux *shifts* ou deux boulots. À New York comme ailleurs, l'économie, l'actualité et l'époque ont donné naissance à une alimentation à deux vitesses.

[46] Certaines adresses de 2 Bros. ont néanmoins augmenté leurs tarifs.

LA LOI DE LA PIZZA

Jusqu'il y a peu, une loi quasi-scientifique régissait les trajets des New Yorkais : si le prix d'une part de pizza augmentait, il en allait inévitablement de même pour celui d'un ticket de métro. Le « Principe de la Pizza » a été décrit pour la première fois en 1980 par un expert en brevets, Eric M. Bram, qui avait observé la récurrence du troublant phénomène depuis les années 60 : chaque augmentation significative à la pizzeria du coin était invariablement suivie d'une hausse des tarifs des transports souterrains. Mieux, la flambée du prix d'une quatre fromages avait le pouvoir de prédire celle du métro, à tel point qu'en 2002, le New York Times titrait « Aussi inévitable que les pepperoni : des tarifs plus élevés ». En 2014, un statisticien et professeur à l'Université de Colombia, Jared Lander, s'est penché sur la courbe de la pizza pour conclure que la loi était toujours d'actualité, et ce malgré les nouvelles MetroCard et leur politique dégressive.

Un autre indice pétri de glucides donne aux États-Unien·nes une idée du coût de la vie : le Big Mac Index, créé en 1986 par le journal *The Economist* pour illustrer les disparités de pouvoir d'achat à travers le monde. En France, son équivalent pédagogico-marketé s'appelle… l'indice pizza. De quoi rendre l'économie un peu plus digeste – ou pas.

Démêler le mac du cheese

« Bénissez ces macaroni and cheese au micro-onde hautement nourrissants et les personnes qui les ont vendus en promotion, amen. »

(Kevin McAllister dans *Maman, j'ai raté l'avion*, 1990.)

Seule la lampe de la hotte est allumée, le reste de l'appartement est plongé dans le noir. Penchée au-dessus de la casserole, fouet à la main et en sueur, je m'acharne. La béchamel ne prend pas, mais l'ibuprofène tape bien, me permettant pour la première fois depuis des heures de quitter mon lit. Et j'ai bien l'intention d'en profiter. La journée s'est étirée dans une brume moite à l'odeur aigrelette de grippe, me laissant frissonnante devant une mauvaise série en costumes. Au pic de la maladie, je n'ai pas encore commencé l'écriture de ce chapitre. D'ordinaire, ce n'est que plongée dans l'une de ces sections que j'ai envie de me blottir dans son contenu : comme une femme enceinte, j'ai d'irrépressibles envies de pizza napolitaine, de cuisine chinoise ou de tacos. Mais cette fois, je n'ai pas encore écrit une ligne sur le « mac and cheese » que je rêve de me vautrer dans des coquillettes couvertes d'une obscène couette de fromage. Le front chaud et l'œil hagard, je tambouille aussi mécaniquement que passionnément : jeter les pâtes dans l'eau bouillante et salée, faire fondre le beurre dans un poêlon, arroser de farine et mélanger, ajouter le lait, ne jamais cesser de remuer, touiller, fouetter, sauf peut-être le temps d'attraper le comté et le pecorino, c'est tout ce qu'il y a dans le frigo, râper au-dessus du poêlon et un peu à côté, égoutter les pâtes dont on se fiche à cette heure de savoir si elles sont parfaitement *al dente*, les verser dans la sauce fromagère et renchérir d'encore un peu de beurre, ça ne peut pas faire de mal, tourner, tourner, tourner, goûter, saler, poivrer, tourner encore, transpirer, saliver et à ce stade se foutre que la cuisine soit un chantier, enfin, verser le mélange dans un bol, pas une assiette, et se traîner avec lui jusque dans la tanière au nid encore tiède. Ce soir-là, je mange *le meilleur mac and cheese de ma vie*. Avant cela, il y en a eu bien d'autres, pourtant, des gratins de ma mère avec du jambon en petits cubes aux sides de restaurants sudistes, en passant par les boîtes de pâtes lyophilisées Annie's ramenées de mon dernier voyage aux États-Unis – bleue pour les macaronis dits « classiques », orange au cheddar vieilli, violette pour les coquillages au *white cheddar*, jaune à la patate douce et au potiron. À l'échelle de l'humanité, ce sont des mégatonnes de mac and cheese, contraction anglophone de « macaronis au fromage », qui ont été engloutis. Après tout, c'est l'un des plats les plus chéris de tout le continent nord-américain, et ce au moins depuis la Déclaration d'indépendance des États-Unis.

Sur cet ô combien fondateur bout de papier, celui qui deviendra 25 ans plus tard le troisième président du jeune pays écrit que « tous les hommes sont créés égaux ». Au moment de tracer de sa plume lumineuse ces mots, Thomas Jefferson possède pourtant une tripotée d'esclaves, dont un gamin métisse de onze ans du nom de James Hemings. J'ai eu beau chercher, il n'existe pas de portrait de Hemings[47], une image à laquelle se

[47] Il existe bien un portait, que l'on accole souvent à James Hemings ou à l'un de ses contemporains, esclave de George Washington et lui aussi cuisiner –

raccrocher pour raconter qui était ce futur chef à la trajectoire aussi extraordinaire que tragique. Il y a peu de ressources tout court, comme sur la plupart des femmes et hommes esclaves, alors que son destin *est* l'Histoire. James Hemings, donc. Un petit gars-propriété, avec un statut particulier, puisqu'il est lié par le sang à l'épouse de Thomas Jefferson, Martha, dont le père a abusé d'une esclave. Alors, lorsqu'il quitte les États-Unis pour Paris et une carrière d'ambassadeur, l'homme politique entraîne avec lui toute la famille, dont Hemings et sa sœur Sally. Là-bas, pas loin des Champs-Élysées, on envoie le garçon se former chez un cuisinier français. Et c'est qu'il est bon, le bougre. Après deux ans, Hemings maîtrise les soupes, les sauces, les viandes et la pâtisserie, et change de crèmerie : direction le château de Chantilly ! Où il parle français et popote à qui mieux mieux dans une cuisine qui, paraît-il, dépasse alors le standing de celle de Versailles. Alors finalement, préparer des mac and cheese n'a rien d'un prodige quand on a été formé à si bonne école. De retour aux États-Unis[48], son maître lui met entre les pattes une extrudeuse à pâtes, et fait servir dans ses dîners très mondains les *macaroni pies* qu'il a appris à aimer, adorer même, en France. À l'époque, il y a de fortes chances que le plat ressemble à un gratin très dense empilant des macaroni cuits dans moitié d'eau et moitié de lait, du fromage et du beurre[49].

Hercules. En réalité, il ne s'agirait ni de l'un ni de l'autre selon le chef Martin Draluck, derrière les dîners historiques « Hemings & Hercules », organisés en Californie.

[48] Le cuisinier désormais plus que confirmé aurait pu rester au pays des Lumières, surtout après que Jefferson a mis enceinte sa jeune sœur Sally, mais il a délibérément choisi de revenir à Monticello, en Virginie. Pour creuser le sillon de la cuisine française aux États-Unis probablement, pour être auprès de sa mère plus sûrement.

[49] Comme le reconstitue l'historienne de l'alimentation Leni Sorensen dans le deuxième épisode de la série *High on the Hog*, sur Netflix.

D'ailleurs, je dis macaroni, mais il pourrait tout aussi bien s'agir de spaghetti ou de vermicelles, puisque jusqu'au 19e siècle, le terme désignait tous types de pasta. Et qu'on s'entende, si Jefferson s'est converti au pastavorisme en France, ce n'est pas forcément le pays d'origine du mac and cheese, puisqu'on en retrouve des traces en 1789 dans le bouquin de cuisine[50] d'une Anglaise, Elizabeth Raffald. Avant ça encore, on piste le mac and cheese dans des versions plus ou moins cousines en Suisse, où il porte le nom d'älplermagrone[51], et en Italie dans le précoce *Liber de Coquina*, l'un des plus fameux livres de cuisine médiévale. Mary Randolph, la cousine de Thomas Jefferson, en publie l'une des premières versions états-uniennes en 1824, dans son ouvrage *The Virginia HouseWife*[52]. Dans un exemplaire carrément décrépi de la Bibliothèque du Congrès, entre sa *soup with bouilli*[53], son bœuf aux olives, ses côtes de mouton et sa bière à la mélasse, on trouve une recette qui indique de manière quelque peu floue de « faire bouillir dans de l'eau et du lait autant de macaroni que peut en contenir votre plat jusqu'à ce qu'ils soient assez tendres, égoutter dans une passoire, saupoudrer d'un peu de sel et en mettre une couche dans le plat, puis le fromage et le beurre comme dans la polenta, et

[50] Intitulé *The Experienced English Housekeeper*.

[51] Une spécialité à base de pâtes (ou de pommes de terre), de fromage, de crème et d'oignons.

[52] Notez qu'à l'époque de la parution de ce livre, les « housewives » du Sud des États-Unis étaient les épouses de propriétaires de plantations, qui fonctionnaient grâce au travail d'esclaves, dont des femmes dédiées à la cuisine. Elles étaient de fantastiques cuisinières, mais ne publiaient pas de livres de recettes... Il y a donc de fortes chances que Mary Randolph ait beaucoup appris de ces cheffes. J'en parle plus longuement dans le chapitre sur le poulet frit.

[53] C'est bien ça, une « soupe avec du bouilli », soit... un pot-au-feu.

cuire de la même manière[54] ». Un coup à regretter les pamphlets qui introduisent désormais chaque recette sur Internet. Mais revenons-en à James Hemings, coincé dans les cuisines de Thomas Jefferson, qu'il tente de quitter avec un drôle de marché : s'il apprend à son frère Peter son métier, et que ce dernier le remplace aux fourneaux du futur président, James pourra partir en homme libre. En quelques mois, il forme donc son frangin et trace sa route. Du reste de la vie du petit génie de la cuisine initié auprès des plus grands de l'époque, on ne sait pas grand-chose, si ce n'est qu'il sombre dans l'alcool et finit par mourir en anonyme, malgré la marque indélébile qu'il a laissée sur la gastronomie états-unienne. Dans les riches maisons d'alors, on continue de mitonner les macaroni and cheese dès qu'une occasion spéciale se présente. « On », ce sont les esclaves noirs, bien évidemment, qui n'y goûtent pas forcément, puisque le plat reste constitué d'ingrédients chers : des pâtes à base de farine de blé importée d'Europe et du parmesan italien. Au fil des décennies, la recette continue de se transmettre au sein des communautés afro-américaines, mais c'est contre toute attente un Canadien qui va mettre le mac and cheese dans tous les placards états-uniens. Son nom ? Kraft. James Kraft.

Cheveux peignés laqués en arrière et yeux clairs marqués d'un léger strabisme, Monsieur Kraft a, sur plusieurs clichés, le visage légèrement penché sur le côté de celles et ceux qui détiennent un secret – celui, par exemple, de pouvoir faire du

[54] Au début du 20e, on aimait le mac and cheese plutôt très cuit, comme le montre une autre recette, qui spécifie que les macaroni doivent bouillir une heure et quart au bas mot – de quoi se retrouver avec une jolie pâte à gâteau.

fromage à partir de presque rien. Au tout début du 20e siècle, James L. Kraft est un Canadien de l'Ontario venu chercher, comme bien d'autres, la fortune aux États-Unis. Si son nom vous est familier, alors vous savez : cette fortune, il va la trouver. Son créneau ? Le frometon, qu'il vend à Chicago au cul du wagon. À l'époque, et aujourd'hui encore dans les bonnes fromageries, c'est une meule entière de cheddar qu'il faut écouler. Des quantités titanesques plutôt problématiques, tant pour le grossiste que ses client·es, puisque sans réfrigération, une fois ouverte, la roue se détériore rapidement. Mais Kraft a une idée, oh, rien de révolutionnaire à bien y regarder, mais qui rencontre l'intérêt des acheteur·ses : il se met à pré-emballer de petites portions de fromage. Plutôt que de le découper et l'empaqueter selon les désirs de chaque client·e, le cheddar vient en morceaux standardisés et packagés. Alors certes, son *cheese* se vend plus rapidement, et Kraft fait moins de gâchis, mais le produit continue à se détériorer trop vite. En 1915, le businessman se met donc à expérimenter : et s'il était possible de créer un fromage qui ne pourrisse pas ? Tout un concept… À partir de déchets solides de lait pasteurisé, d'émulsifiants, de sel et de colorants, James Kraft met au point le premier fromage transformé. Et *ça*, c'est une révolution – du genre qui métamorphose tout un système alimentaire. Sa création est disponible en conserve puis en sachet[55] partout, tout le temps, même sur les lignes de front défendues par l'armée états-unienne, qui achète pendant la Première Guerre mondiale à Kraft

[55] C'est comme ça que connais initialement le fromage Kraft : en petit paquet rectangulaire rouge et argent contenant du parmesan déjà râpé.

près de 3 millions de kilos de son produit transformé. Un juteux contrat[56] qui pave la voie au développement de son entreprise[57] : en 1927 déboule dans la gamme le Velveeta, une phénoménale invention comestible[58] de la taille et de la couleur d'une motte de beurre rance, mais avec une liste d'ingrédients qui dégomme celle de n'importe quel produit laitier – idéal en tranche dans un sandwich apocalyptique, en auto-bronzant tonalité trumpienne ou dans un bon mac and cheese des familles.

Le panier des États-Unien·nes se garnit ensuite de Cheez Whiz, une pâte de fromage à tartiner orangée, et de Cracker Barrel Cheese, un riche lingot à trancher. Mais la plus populaire des créations transformées est sans aucun doute celle-ci : le Kraft Dinner. Dans les années 30 à St. Louis, Missouri, un représentant de commerce a l'idée d'acoquiner, à l'aide d'un simple élastique, paquets de macaronis et sachets de fromage râpé Kraft pour réaliser des ventes deux-en-faim. Inspirée par l'initiative, l'entreprise se met à commercialiser en 1937 son *Macaroni and Cheese Dinner*, un combo pâtes et sauce fromagère déstructurée[59]. Rien que la première année, il s'en vend 9 millions de boîtes. Aujourd'hui, il s'en écoulerait pas

56 Contrat qui sera renouvelé pendant la Deuxième Guerre mondiale.

57 James Kraft ne le sait pas encore à ce moment-là, mais en un gros siècle d'existence, sa petite entreprise qui ne connaît pas la crise fusionnera avec plusieurs grandes compagnies, comme Philip Morris et Heinz – qui a d'abord bâti son empire autour du cornichon, avant le ketchup. Kraft-Heinz est aujourd'hui l'une des entreprises alimentaires les plus puissantes au monde.

58 Kraft clame la paternité du Velveeta, mais d'autres sources affirment que la Velveeta Cheese Company n'avait initialement aucun lien avec l'entreprise.

59 D'abord du fromage transformé râpé, puis sous forme de sauce en conserve, et ensuite en sachet. Aujourd'hui, les boîtes bleues vendues dans les rayons secs comprennent des pâtes et un mix déshydraté, à pimper avec du lait et du beurre.

moins d'un million… par jour. La recette du succès du Kraft Dinner ? Son prix riquiqui assorti au slogan « Un repas pour quatre en neuf minutes pour dix-neuf centimes[60] », qui en fait un achat de première nécessité pendant la Seconde Guerre mondiale, accessible pour un ticket de rationnement seulement. On pourrait croire qu'à la fin de la période de diète, cet aliment de survie aurait perdu de son charme, mais c'est sans compter l'habilité de Kraft à marketer sans cesse différemment le même produit – du fromage transformé. Rien que les pâtes du Kraft Dinner empruntent au fil des années et des modes une variété de formes (spirales ou coquillages) et de visages : celui des personnages de *Star Wars*, *Scooby Doo*, *Space Jam*, *Pokémon*, *Trolls*, *Super Mario*, *Frozen*, de *Bugs Bunny*, des *Simpsons*, des *Animaniacs*, de *Bob l'Éponge* ou encore d'un film d'animation avec des chiens déguisés en pompiers et policiers dont je n'avais jusqu'ici aucune idée de l'existence. Les saveurs, elles aussi, se déclinent (*white cheddar*, Alfredo, ail et herbes, trois fromages, bacon, chou-fleur, haricot blanc), comme les valeurs (vegan, bio), les formats (individuel, familial, maxi-pack), les modes de préparations (casserole, micro-onde) ou de conservation. C'est que le monde a changé et la technologie évolué depuis l'époque où James Kraft se trimbalait des meules entières en craignant qu'elles ne suintent au soleil. Le congélateur a bousculé les garde-mangers, stockant le mac and cheese à côté des petits pois, des frites et de restes non-étiquetés. C'est la guerre, toujours elle, qui a définitivement popularisé

[60] Désormais « trois bols pour un dollar ! » – bien que personne n'accepte vraiment de partager une portion de mac and cheese avec deux autres mangeur·euses.

le congélo domestique : les conserves étaient envoyées aux combattant·es, mais les produits surgelés pouvaient rester. Les aliments transformés puis congelés n'étaient même pas rationnés. Faites suivre cette adoption de nécessité par une entrée des femmes sur le marché du travail et un baby boom, et vous obtenez des allées de supermarchés remplies de mac and cheese givrés.

Kraft n'est évidemment pas la seule entreprise à souffler le chaud avec du froid. Le business des pâtes au fromage surgelées inclut une multitude de marques qui se chamaillent le marché, telles Amy's Kitchen et Stouffer's, qui ont leur petit succès parmi les achats grand-surfacés. Et avec la pandémie, le genre givré connaît un retour en grâce : en mai 2020, alors que les États-Unis sont confinés, les ventes de produits surgelés explosent[61] ; +50 % par rapport à l'année précédente. Stressé par les sorties au supermarché et les aliments frais potentiellement covidés, un tiers des ménages leur a fait de la place en augmentant leur capacité de surgélation à la maison. Résultat, les rayons, eux aussi, se font de plus en plus long. Et avec l'inflation qui pousse à regarder à deux fois le prix de son panier, la tendance ne faiblit pas. Comme pendant la Dépression, les grandes surfaces sont le super-lieu vers lequel les États-unien·nes se tournent pour manger, et les produits transformés et surgelés sont ceux qui leur demandent le moins de se saigner. Les grands magasins ont donc une influence titanesque sur ce qui se cuisine... ou

[61] De la même manière, en 2020, les ventes de Kraft Dinner connaissent une hausse de leurs ventes de 27 % par rapport à l'année précédente. General Mills, derrière les mac and cheese Annie's, annonce la même augmentation.

ne se cuisine pas. En effet, l'anthropo-biologiste Lyall Watson a identifié ce qu'il appelle le « syndrome du supermarché ». Les symptômes ? « Une réticence croissante à préparer sa propre nourriture, une méconnaissance des techniques que cela implique, une dépendance à une variété d'aliments de plus en plus réduite, une attitude désinvolte face à la question de l'alimentation et un déficit de curiosité pour des produits qui n'ont jamais été consommés auparavant. » Et après la cuisine, en toute logique, c'est bientôt la salle à manger qui est désertée au profit... du canapé, bien calé devant la télé. Jusque dans les années 50, les États-Unien·nes mangeaient certes des produits surgelés, mais toujours préparés par la « ménagère », « la maîtresse de maison », bref, l'épouse cantonnée à sa domesticité. On dînait à table, après le bénédicité, dans le plus pur respect de la sacro-sainte commensalité[62]. La libération viendra du ciel. Pas de la messe du dimanche, progressivement remplacée par celle du soir devant les programmes de la toute nouvelle télévision – non : des avions.

Dans les moyens et longs courriers, on s'est mis à distribuer des repas flash-freezés sous le (génial) nom de *Strato-plates* – des plateaux comprenant un repas complet[63], réchauffés à bord à l'aide d'un four électrique[64]. Une année, après un Thanksgiving particulièrement calamiteux, Swanson, une boîte connue

---

[62] De *cum* (avec) et *mensa* (table, nourriture), c'est l'acte social de partager un repas, une même table.

[63] Soit un morceau de barbaque, un légume et une pomme de terre, comme l'exigeait l'époque.

[64] L'innovation atterrit ensuite dans les bars sous forme de barquette en alu destinées à éponger rapidement et sans cuistot les client·es éméché·es.

pour ses volailles et tourtes surgelées, se retrouve avec une catastrophique quantité de dindes sur les bras. En attendant que les boss Gilbert and Clarke Swanson trouvent une solution, les poulettes sont conservées dans des camions frigorifiques. Puisqu'ils ne restent à la bonne température qu'en roulant, les dindes font donc plusieurs fois le voyage entre les bureaux du Nebraska et la Côte Est – une dinguerie, quand on y pense. En visite dans un entrepôt de Frozen Dinners, Inc., une entreprise qui prépare des repas aériens avec les produits Swanson, Gerry Thomas, un représentant commercial, tombe sur les plateaux en aluminum à trois compartiments. Ni une ni deux, Swanson les remplit avec de la dinde nappée de *gravy*, de la purée de patate douce et des petits pois chapeautés d'un carré de beurre – le tout congelé. 25 minutes à 200 °C et le dîner est prêt ! Pour surfer sur la popularité de la boîte à images, Swanson baptise sa barquette *TV Dinner* et lui offre un packaging à l'effigie de la télévision, avec cadre en simili-bois et petits boutons pour changer de chaîne, imprimé en six couleurs à l'heure où la plupart des emballages sont bicolores. À 98 centimes pièce, les pubards en font la promo en vantant ses avantages pour les femmes du foyer : « Maintenant, maman est devant la télé dès le début du programme, et grâce à Swanson, elle est prête à servir le dîner avec un poulet très spécial. » Le plateau en alu[65] fait un carton. Mais ses opposant·es l'accusent de promouvoir à grande échelle une cuisine fadasse et toujours plus uniforme – les mêmes critiques que l'on adresse alors à la télévision. Le TV Dinner se décline bientôt en spécialités internationales,

[65] Puis en plastique pour s'adapter au micro-onde.

telles que j'ai pu en retrouver des reliques au Musée national d'Histoire américaine de Washington DC : « chinese-style » avec des crevettes croustillantes, du poulet sauté avec de la châtaigne d'eau, des pousses de soja et bambou, du riz sauté et de la sauce aigre-douce ; simili-italien composé d'épinards, d'une « authentique lasagne à la viande et ricotta », de *tortoni* et de morceaux de pommes et pêches ; à la mexicaine avec un *enchilada* et deux *tamales* au bœuf dans une sauce viandarde, du riz rouge, des *frijoles refritos* et une sauce au poivron ; ou encore de « tradition » germanique, *mit sauerbraten, spätzle*, chou rouge et, en final sucré, une compote de prunes et abricots. Tout un programme.

Pas étonnant que les États-Unien·nes soient devenus les champion·nes toutes catégories de la bouffe-spectacle gastro-télévisée. De celles et ceux qui ont cuisiné dans le petit écran, Julia Child reste probablement la (forte) personnalité préférée des spectateur·rices – mais elle n'est pas la première. Avant elle, le cuisinier et auteur de livres de recettes James Beard[66] s'est illustré dans *I Love to Eat*, une émission qui ajoute une dimension de divertissement aux programmes radiophoniques anglais diffusés dans les années 40 pour tirer le meilleur parti des rations de guerre. James Beard et Julia Child seront également loin d'être les derniers à faire la leçon culinaire tout en (s')amusant. C'est que le genre fait recette, et en 1993, Food Network, une chaîne câblée, se met à diffuser 24 heures sur 24 émissions de cuisine et reportages gastronomiques. C'est sur celle-ci que le

[66] Il donnera son nom à la James Beard Fondation, puis aux James Beard Awards, les Oscars de la gastronomie états-unienne.

chef et écrivain Anthony Bourdain débute en 2002 son « Cook's Tour », une balade morfale de 35 épisodes autour du monde, qui inaugure sa carrière de personnage télévisé – laquelle finira de manière tragique lors du tournage d'une autre émission états-unienne adorée, *Parts Unknown*[67]. *Top Chef* à la télé, *Chef's Table* sur Netflix, la chaîne de *Bon Appétit* sur Youtube... Quelques-uns des plus fascinants objets (pop-)culturels filmés sont états-uniens. Et pour Anthony Bourdain, il ne s'agit de rien de moins que de « la nouvelle pornographie : ce sont des gens qui en regardent d'autres faire des choses à la télévision qu'ils ne seront pas capables de reproduire par eux-mêmes de sitôt ». Et qui, postant aujourd'hui sur Instagram le contenu de son assiette, peut nier que la bouffe est effectivement un théâtre, comme l'avouait bien volontiers James Beard, dans lequel nous jouons notre propre rôle de mangeur·ses – avec quelques filtres supplémentaires ? Certainement pas moi.

Vous savez ce qui est sans faux-semblants ni artifices – mais bien avec quelques conservateurs et colorants, le cas échéant ? Un mac and cheese. Aucun plateau TV, qu'il soit en direct ou réchauffé, n'est parvenu à esquinter l'amour des Nord-américain·es[68] pour ce plat riche, mais accessible. On lui dédie

---

[67] Anthony Bourdain s'est donné la mort en France, une nuit de juin 2018. J'aurais bien du mal à vous cacher mon affection pour cet auteur talentueux, qui fut une plume et voix aussi précieuses qu'il n'était un homme torturé. En 2021 sont sortis deux biographies sur l'homme : un documentaire, *Roadrunner*, et un livre, *Bourdain: The Definitive Oral Biography*.

[68] Le mac and cheese est encore plus populaire au Canada qu'aux États-Unis, où il est considéré par beaucoup comme un plat national, devant la poutine. Les Canadiennes seraient responsables de l'achat de 25 % des sept millions de Kraft Dinners vendus chaque semaine dans le monde.

des restaurants[69], des festivals entiers. On en fait des glaces[70], des pancakes[71], des tacos. On le sert quand il y a quelque chose à célébrer et quelqu'un à pleurer. Il est secours, survie, culture ou amour selon d'où on en parle et où on le cuisine. S'il est monolithique, ce n'est que dans sa version la plus dense, et quand on lui adjoint du homard ou de la truffe, c'est toujours une vaine tentative d'élever ce qui constitue déjà un luxe : être réconforté·e par quatre ou cinq ingrédients si simplement associés. Le mac and cheese est l'étendard de la *comfort food*, un plat parfaitement ordinaire et commode, dont les éléments, gras, sel, crémeux, apaisent les ventres et les cœurs. C'est à ça que je pense en mélangeant le fromage à ma béchamel, la fièvre au corps, un soir de grippe. À ça, et à ne pas brûler le fond de la casserole.

---

[69] Murray's Mac and Cheese à New York, par exemple.

[70] Authentique ! Kraft et le glacier Van Leeuwen se sont associés pour créer un parfum de crème glacée au mac and cheese – et étonnamment, il semblerait que ce soit délicieux.

[71] *Fun fact* : durant l'écriture de ce livre, j'ai posté sur Twitter une recette de pancakes au mac and cheese tirée des archives du *New York Times Magazine*. Frappé par un certain esprit d'aventure, le rédacteur en chef de Konbini Food, Pharrell Arot, a décidé de tester le mariage. « C'est validé », assure-t-il.

DU BEURRE, DE L'AIL ET DU PIMENT DE CAYENNE

La Nouvelle-Orléans sait deux ou trois choses à propos de mac and cheese, de cuisine afro-américaine et de réconfort. La ville de Louisiane, frappée par le terrible ouragan Katrina en 2005, est l'un des épicentres de la cuisine sudiste (et donc des macaroni au fromage) et de la solidarité états-unienne. Planté dans le quartier de Treme[72], Willie Mae's Scotch House a décroché en 2005 le prix « America's Classic » aux James Beard Awards, et pour cause : son fried chicken est délicieux, et son mac and cheese rien de moins qu'exceptionnel – le meilleur que j'aie mangé aux États-Unis. Dans ce bar historique de NOLA, le plat est cuisiné avec du cheddar mi-vieux, de l'American cheese (devenu un synonyme pour le fromage transformé de type Velveeta), du piment de Cayenne, de la crème, du persil et de la poudre d'ail[73].

[72] Oui, comme l'excellente série du même nom, diffusée par HBO entre 2010 et 2013.

[73] Vous pouvez trouver la recette en ligne, sur le site de la populaire émission télévisée Good Morning America.

Les États-Unis de la barrique

« C'était comme avaler une rafale de vent d'octobre. »

(Stephen King, *The Waste Lands*, 1991)

Êtes-vous aussi fasciné·e qu'une, et une seule personne, puisse représenter toute une nation ? Alors bien sûr, j'ai une petite idée des dynamiques de partis, du rôle des assemblées parlementaires et du Sénat où grouille dans sa multitude de formes le pouvoir, mais la perspective de n'avoir le choix qu'entre deux noms, deux visages à mettre dans une enveloppe me paraît hautement bizarre. Peut-être parce que je suis née dans un pays, la Belgique, qui jongle avec six gouvernements et est adepte des coalitions arc-en-ciel[74], ou parce que les dernières élections françaises ont brillé par l'absence de personnalités derrière lesquelles j'aurais voulu me ranger. Tout aussi fascinante est la capacité des États-Unis à créer des avatars présidentiels ultra-personnifiés. Comme dans Mario Kart, on a le choix entre l'impeccable héros au sourire Colgate dans sa Lincoln sombre, le side-car manœuvré par le seul personnage noir et sa copilote brushingée, ou le bonhomme orange à la houppette blonde sur son tricycle rouge. Une caractéristique, une phrase, suffit parfois à incarner toute leur campagne pour le bureau ovale. J'ai connu les « Yes, we can », dont j'écoutais la version interprétée par will.i.am sur mon baladeur MP3, et les « Make America Great Again » brodés sur des casquettes. Mais si j'avais vécu en 1840, j'aurais peut-être bu du cidre dans

[74] Rien à voir avec des regroupements LGBTQ, bien que la Belgique ait déjà compté un Premier ministre publiquement gay.

une pinte en émail gravée d'un cabanon en bois. L'élection de cette année-là, dans un contexte de crise économique, oppose le président sortant Martin Van Buren, un Démocrate, au candidat du Parti « Whig[75] » William Henry Harrison. Les deux hommes ne pourraient être plus différents : le premier est un petit gars distingué et sacrément rouflaquetté, le second un ancien militaire aux yeux gris et cheveux peignés vers l'avant. Van Buren a des positions anti-esclavagistes mais apprécie le faste de la Maison Blanche, sa fine cuisine française et son argenterie, Harrison est un conservateur qui vient d'une famille de riches propriétaires de plantations, mais passe pour un héros de guerre aux habitudes modestes. Surtout, à 67 ans, ce dernier est considéré comme *vieux*[76]. Trop croulant, d'après certain·es observateur·ices, pour diriger un jeune pays fougueux. Un matin de campagne, un éditorialiste publie à destination du candidat âgé ce tacle bien senti : « Donnez-lui un tonneau de cidre et une bonne pension, et il passera le restant de ses jours au coin du feu de son cabanon en bois. » Mais l'Histoire retiendra que ce qui semble ennuyeux et plouc pour certain·es est rassurant et intemporel pour d'autres. Le parti de Harrison s'empare de la formule et en fait le storytelling de son candidat, à grands renforts de motifs cabane en rondins et barils de cidre. Au Musée national d'Histoire américaine de Washington, je contemple une grande affiche illustrée d'un idyllique coin de forêt états-unienne où est plantée une maisonnette en bois encadrée de

[75] Le Whig Party est une ancienne formation conservatrice libérale. Le Parti Républicain états-unien est en quelque sorte son successeur.

[76] Rappelons que Joe Biden avait 78 ans au moment de devenir président, le plus âgé de l'histoire du pays.

pins. Je me représente les murs des villes et villages tapissés d'allusions *terroiristes* et j'imagine plutôt bien que face au snob Martin Van Buren, William Henry Harrison passe pour un homme sympathique et proche du peuple. C'est cette nouvelle popularité qui lui vaut d'être élu, le 2 décembre 1840, neuvième président des États-Unis. On dit que pendant les 32 jours que dure sa présidence raccourcie par une pneumonie mortelle, l'alcool inonde ses dîners mondains.

Même si un distillateur nommé Edmund Booz[77] distribue gratuitement des bouteilles de whisky « Old Cabin[78] » lors des rassemblements de Harrison, c'est le cidre qui est la bibine-star de cette campagne. Ce n'est pas un hasard : la boisson fermentée à base de pommes arrose l'histoire présidentielle états-unienne depuis toujours. Tous les Pères fondateurs en buvaient : George Washington, en plus de ses quatre godets de Madère quotidiens, Thomas Jefferson, qui produisait son propre cidre avec les pommes de Monticello, son verger en Virginie, et John Adams, qui en descendait tous les matins une chope au lever du lit pour « raisons médicales ». Bien avant de devenir président, Abraham Lincoln pilotait les pompes d'une taverne où il servait un distillat de cidre, l'applejack[79], également siroté par Roosevelt (en cocktail), Johnson (en cadeau diplomatique) et Clinton (en digeo). Dans son almanach publié sous le pseudonyme de Poor Richard, Benjamin Franklin écrit, à la

[77] En anglais familier, *booze* signifiant « alcool », l'homme était en quelque sorte destiné à enivrer les autres.

[78] Traduction, « vieux cabanon ».

[79] L'équivalent du calvados, en gros.

manière des phrases inspirationnelles d'Instagram : « *Give me yesterday's Bread, this Day's Flesh, and last Year's Cyder*[80]. » (« Donne-moi le pain d'hier, la viande d'aujourd'hui et le cidre de l'année dernière ») – une ode à la simplicité. Tout le monde s'enfile alors le breuvage fruité, qui donne par effet de réflection un genre « populaire » aux politiques en campagne. À l'installation des Anglais·es sur le continent[81] déjà, les pommiers poussent relativement mieux que l'orge, et le cidre est donc plus courant que la bière. Bientôt, l'Est, le Nord et l'Ouest des États-Unis sont couverts de vergers dont les pommes sont conservées sous forme de jus, qui fait s'évader les esprits sans trop faire tourner les têtes. Le cidre n'en reste pas moins de l'alcool, et donc un ennemi de la nation pour le mouvement de « Tempérance » qui fait de la gnôle l'objet d'un combat politique. C'est que les 18e et 19e siècles ont été sacrément imbibés, et qu'il soit binouze ou eau-de-vie, l'alcool fait les ravages qu'on imagine dans la population. Il irrigue les États-Unis de l'intérieur, mais également par le biais de l'immigration irlandaise et allemande, dont la religion catholique ne voit rien de mal à s'enivrer le dimanche – et tous les autres jours. Culturellement et politiquement déstabilisés par ces nouveaux·lles immigré·es, les « nativistes », des protestant·e·s blanc·hes en descendance directe avec les premier·ères pellerin·es, voient d'un mauvais œil ce « lubrifiant social ». De leur côté, les quakers, une société religieuse connue pour sa quête de sobriété, et les méthodistes, plutôt porté·es

---

[80] Il s'agit de l'ancienne orthographe de *cider*.

[81] Un mythe veut que le métal d'une presse à pommes ait été utilisé pour colmater une brèche dans la coque du Mayflower, le bateau des Pères pèlerins, les premiers colons à s'être installés en Amérique du Nord.

sur la discipline, s'en prennent également aux spiritueux – un comble pour des spirituel·les. L'Union chrétienne des Femmes pour la Tempérance fait quant à elle des dérives alcooliques une question féministe, liant les problèmes d'alcool à l'intérieur des foyers à la domination qui s'exerce sur elles dans toute la société[82]. Avec un autre point de vue, les plus conservateur·rices le considèrent comme le liquide dans lequel se dissolvent les valeurs patriarcales de la famille et du foyer. De toutes parts, il est vu comme la cause de maux aussi déplorables que faciles à supprimer : en s'abstenant de boire, tout simplement.

Mais on n'abolit pas l'alcool en un jour – et certainement pas au pays de la Liberté. Entre la naissance de l'American Temperance Society, dont les centaines de milliers de membres promettent de rester sobres, et la véritable Prohibition, il faut près d'un siècle, des programmes d'éducation, le support financier de portefeuilles comme celui des Rockefeller, une guerre[83] et un certain nombre de pressions politiques. En 1920, le Volstead Act[84] rend finalement criminelles la production, la vente, l'importation et la distribution de picole[85]. La « presque-bière »,

[82] Un engagement qui fera flipper les gosiers masculins, notamment lorsque la femme du président Hayes, rebaptisée « Lemonade Lucy », fait interdire la picole à la Maison Blanche.

[83] Avec la Première Guerre mondiale, l'aversion pour les Germaniques se diffuse aux brasseries allemandes installées aux États-Unis, alors que les supporters de la Tempérance estiment que le grain doit être conservé pour supporter l'effort de guerre. Durant cette décennie, sobriété égale patriotisme.

[84] Du nom du Républicain Andrew Volstead, président de la commission des lois de la Chambre des Représentants.

[85] À noter que le cidre n'était pas strictement interdit : les paysan·nes étaient toujours autorisé·es à produire en petites quantités des boissons fermentées, à condition qu'elles n'aient pas pour but l'ivresse – on pouvait en faire du vinaigre, par exemple.

qui contient très peu d'alcool, et le vin, uniquement pour un usage religieux, restent toutefois permis. Le cidre, lui, avait déjà commencé sa lente, mais inexorable disparition des années avant cela. Honnêtement, aucune de mes sources n'avance exactement la même théorie, ce qui signifie que comme bien des choses dans la vie, la réalité doit être plus complexe qu'une page de livre d'histoire. Certain·es parlent de maladies qui auraient décimé les pommiers et d'arbres rasés par des abstinent·es trop zélé·es, d'autres que les États-Unien·nes se sont mis·es à préférer la bière, mieux brassée qu'auparavant, ou les spiritueux, plus forts. À moins qu'il ne s'agisse d'un exil urbain qui les poussa à abandonner cette boisson ancrée dans sa campagne… Reste que la Prohibition marque un tournant, et qu'au bout du virage, le cidre est resté sur le bord de la route. On n'en boit plus, mais comme tout ce qui enivre alors. Et sans bibine, les États-Unis ne se portent pas forcément mieux. À sec, le pays est certes plus sobre, mais l'absence d'alcool reste une question qui divise politiquement et, surtout, renforce le pouvoir de la pègre, qui deale à gogo bourbons et gins sous le manteau. Les gangs irlandais, italiens et juifs s'opposent pour la domination du marché de la contrebande, parfois de manière sanglante comme ce fameux jour de Saint-Valentin 1929 où Al Capone commande le meurtre de sept gangsters rivaux – un vrai tue-l'amour. Et alors que la mafia s'enrichit, le pays, lui, vit sa Grande Dépression : une crise boursière et bancaire nationale, doublée d'un taux de chômage hors-norme. Finalement, c'est le Démocrate Franklin Roosevelt qui abolit l'amendement de la soif en 1933, après avoir proposé, lors de sa campagne, une taxe sur l'alcool pour contribuer à relever les finances de la nation. Bref, quand il n'y a plus d'argent public à siphonner, c'est vers les gosiers qu'il faut se tourner. On pourrait croire qu'avec la Prohibition, les États-Unien·nes ont appris de leur passé alcoolique. Tout l'inverse. Les décennies qui suivent ont une descente incomparable. La gnôle est partout : dans les bars, dans les maisons, et même dans les bars dans les maisons, dont les sous-sols périurbains se dotent de petits troquets. Aujourd'hui, près de 15 millions d'États-Unien·nes de plus de douze ans déclarent avoir un problème avec l'alcool[86].

Pour autant, beaucoup de petites brasseries et vignobles ne rouvrent pas après la Prohibition. C'est comme pour tout : l'industrie prend le relai d'une consommation devenue mécanique et mondialisée. Jusque dans les années 70, quand le pinard local est redécouvert à l'échelle nationale, on apporte aux dîners arrosés de la bière indus' ou des spiritueux importés. Et puis vient la *craft beer*[87]. Un mouvement mi-geek mi-punk saint d'esprit, né dans les garages de celles et ceux qui veulent mettre la main au houblon et dans de vieilles brasseries remises à flots par quelques acharné·es. À force d'expérimentations saupoudrées d'un peu de hype et l'amorce d'un changement dans les désirs des consommateur·rices, la *craft* s'installe pour durer. Les États-Unien·nes, et les Européen·nes aussitôt, veulent siroter artisanal, original, micro-batché et bien storytellé. La révolution, alors principalement maltée, fait en quelques années des petits dans les bars à cocktails, dans les vignes et

[86] Selon le National Survey on Drug Use and Health de 2019.

[87] Pour « bière artisanale ».

les vergers. Le comeback cidricole est toutefois timide. « Le cidre a tenté de remonter sur scène tant de fois, qu'il a pratiquement déjà tourné. Et pourtant, après de nombreuses années et autant de faux-départs, la boisson montre les signes d'une véritable renaissance », écrivait la célèbre journaliste du vin nature Alice Feiring en... 2012. Une fois tous les cinq ans au moins, on annonce son sacre, sans qu'il n'advienne jamais vraiment. Mais cette fois pourrait être la bonne – il suffit de savoir lire le marché. Il y a désormais plus de 900 producteur·rices de cidre aux États-Unis, un chiffre en constante augmentation, alors que le secteur connaît l'une des plus franches croissances de ces dernières années pour un produit alcoolisé. Mais il n'y a pas que l'offre qui connaisse un big bang (ou un gros boum) : la soif nord-américaine pour le cidre est au moins aussi conséquente, et le breuvage est désormais invité aux soirées comme à la table de restos bien nappés. Dans les allées de supermarchés aussi, où des Whole Foods aux 7-Eleven, j'ai pu hésiter entre les rangées de canettes en alu colorées de géants brasseurs bien avisés. C'est qu'en tombant dans les pommes, il y a de l'oseille à se faire. Si l'on en croit les prédictions, l'industrie états-unienne du cidre pourrait bientôt peser lourd, très lourd : 26 milliards de dollars d'ici moins de dix ans.

Breuvage de connaisseur·ses faible en alcool[88], *gluten free* et fruit de son terroir, le néocidre est tout ce que les millennials adorent : du goût, du style et de l'engagement. Le goût, d'abord. Un cidre états-unien, comme anglais ou normand, ce n'est plus

---

[88] Le cidre fait généralement entre 2 et 8 degrés d'alcool, souvent un peu plus que la bière, mais généralement moins que le vin.

seulement une bolée rustique ou un presque-soda à haute teneur en saccharose. Ce sont des saveurs plus ou moins fumées, acides, compotées, florales, lactées, épicées, bref, une diversité qui donne envie de se resservir. Un style, ensuite. Comme pour la *craft beer*, les nouvelles fermentations ont laissé tomber les étiquettes à paysages et même parfois les bouteilles en verre : une canette glacée au fini mat, même bariolée, tape désormais plus dans l'œil des buveur·ses qu'un nom bien connu. Mais dans l'esprit, la scène néocidricole est probablement encore plus proche de celle du vin naturel, qui a également ses adeptes aux États-Unis[89], que de la craft. Elle a le sens de la terre qu'on a retournée, la jeunesse de ce qui se veut vivant et libre, et le cool taquin des jeux-de-mots-boutistes. Une autre preuve? Nombre de vigneron·nes sont désormais aussi cidriculteur·rices. « On a tout de suite su qu'on voulait faire les deux », me raconte Todd Cavallo, de son domaine de quatre hectares dans l'Hudson Valley. Il m'écrit alors que la taille des vignes a commencé et qu'une galère de bagnole m'a privée d'une visite à Wild Arc Farm, son projet de viti et permaculture régénérative monté en 2016 avec Crystal, sa compagne. Ensemble, ils ont une mignonne gamine blonde, des poules qui pondent des œufs bleus et des cultures qui accouchent de jus de raisin et de pomme très convoités. Avant ça, ni Todd ni Crystal n'avaient fait pousser autre chose que des tomates dans l'escalier de secours

[89] Après tout, le pays est un grand producteur de vin, et a eu une scène new-age de cultivateur·rices particulièrement énervée, même s'il reste difficile de boire autre chose que du vin français (ou espagnol ou italien) dans un bar naturopathe de Brooklyn.

de leur ancien appartement new-yorkais, mais qu'importe[90]. Leur domaine est l'un des plus en vue du moment sur la scène désulfitée nord-américaine. Avec leurs petites canettes vertes, ils veulent montrer que le jus de pomme fermenté devrait être traité avec autant de soin et de considération que le pinard : « Je veux que les gens réfléchissent au fait que le processus de production de nos cidres est exactement le même que celui de nos vins, avec de la macération, une fermentation grâce à des levures indigènes sans additifs, et un repos en barrique avant embouteillage. Le cidre, c'est du vin, comme on dit ! » D'autant que la double-culture a du sens, économiquement parlant : en diversifiant leur production, les cidreron·nes diversifient aussi leurs sources de revenus – une stratégie qui porte ses fruits à l'heure où les incidents climatiques deviennent une norme avec laquelle il faut composer. Wild Arc expérimente pour l'instant avec des pommes achetées à des fermes amies ou glanées. « Il y a un tas de cidres incroyables qui sont produits à travers tous les États-Unis actuellement, mais la plupart viennent de petites exploitations. Ça veut dire que dès qu'on parle de gros volumes, on parle de cidres qui sont fait à partir de concentrés importés, avec des méthodes industrielles, et embouteillés avec des conservateurs et sucres résiduels », m'explique Todd. En comparaison, ses jus sont un peu sauvages, secs et ne doivent leur goût qu'à la nature – et la main de l'homme. Bientôt, de la pomme au cidre, tout sera produit sur place, à Wild Arc. Les reconvertis y font pousser depuis cinq ans des pommiers

[90] Par chance, Craig Cavallo, le frère de Todd, a co-écrit avec Dan Pucci une petite bible moderne du cidre états-unien, *American Cider: A Modern Guide to a Historic Beverage* (Penguin Random House, 2021).

Redfield, qui commencent à peine à donner des fruits. D'ici l'année prochaine, espère Todd, le rendement sera suffisant pour commencer à faire du cidre.

L'État de New York est l'un des plus importants cultivateurs de pommes, avec ceux de Washington (en tête), du Michigan et de Pennsylvanie. Des variétés de table, surtout : Red Delicious, Golden Delicious, Braeburn, Cortland, Empire, Fuji, Gala, Ginger Gold, Goldrush, Granny Smith, Honeycrisp, Jonagold, Jonathan, McIntosh, Mutsu, Pink Lady, Rome, Suncrisp, Winesap et York. De grosses pommes sucrées et colorées, souvent imaginées en labo avant d'être importées dans des terroirs pourtant différents. Leurs arbres ont des racines peu profondes et ont besoin de tuteurs pour ne pas s'effondrer sous leur propre poids. Ils sont arrosés de pesticides parce que leur système immunitaire est faible. Leur terre est sèche, débarrassée de toutes les plantes et arbustes contre lesquels ils seraient sinon en compétition, mais qui font toute la diversité et la richesse des sols. C'est le résultat d'une culture de la monoculture que les États-Unis ont embrassée au 20e siècle. La pomme en est l'exemple parfait. Et Todd Cavallo veut que ça change : « On pense réellement que planter une multitude d'arbres fruitiers et à noix avec un focus sur des variétés natives est une manière plus naturelle de cultiver. Il faut se rappeler que les Mohicans et les Lenapes, qui étaient là avant les colonisateurs européens, cultivaient et cueillaient des pommettes[91] et des raisins pour se nourrir et se soigner, d'une manière beaucoup moins dominante pour les

[91] *Crabapples*, de petites pommes de la taille de pêches.

sols », m'expose le cidreron. Il me parle ensuite de la puissance de l'industrie agro, de pratiques de travail abusives et encore d'« apartheid alimentaire[92] ». Il est là, l'engagement que j'écrivais plus tôt, celui qui fait se convertir l'époque au cidre. C'est un mélange de valeurs, de croyances et de quête de changement qui implique de (re)prendre le pouvoir. On consomme comme on vote, et ça, les présidents américains qui prenaient soin de s'afficher pinte à la main l'avaient déjà bien compris. Comme le vin naturel, le néocidre pourrait bien faire l'objet d'un culte. Mais plutôt qu'une religion, je préfère le voir comme l'expression de nouveaux engagements agro-écologiques. Alors certes, ils ne changent pas l'eau en digeo, mais ils ont au moins l'avantage de faire pousser des arbres.

[92] Leah Penniman explique ce concept dans le chapitre sur le poulet frit.

UN CIDRE PEUT EN CACHER UN AUTRE

Ça pourrait arriver à n'importe quel·le touriste en goguette aux États-Unis : vous flânez dans les rayons d'un supermarché ou d'une bodega et êtes attiré·e par la (désormais) irrésistible étagère des cidres. Votre esprit en manque se projette déjà sur le banc d'un porche de série télévisée, abandonné·e à l'ivresse d'une soirée d'été. Ni une, ni deux, vous embarquez trois cannettes et, dans l'euphorie du moment, oubliez d'y regarder de plus près. Mais après quelques gorgées, vous réalisez que quelque chose ne boit pas rond… Votre cidre ne contient pas d'alcool – c'est du jus de pomme ! Et pour cause, votre boisson affiche « cider » et non « hard cider ». La différence ? Le premier est un jus non-filtré de pommes fraîches de variétés plutôt sucrées, qu'on accommode parfois avec des épices pour le boire chaud. Le second est le bon vieux cidre que vous connaissez, également à base de pommes fraîches, mais hard parce qu'il contient environ cinq degrés d'alcool suite à sa fermentation – parfois plus et avec des bulles, quand on lui ajoute des sucres, historiquement sous forme de mélasse, de miel ou de sirop d'érable. →

Après la Prohibition, l'intérêt pour le cidre avait évolué pour sa version non-alcoolisée, considérée et marketée comme une boisson « santé ». Aujourd'hui, on pourrait tout simplement appeler l'un « jus de pomme » et l'autre « cidre », mais la différenciation entre *cider* et *hard cider* est encore parfois d'actualité. Voilà, ça pourrait arriver à n'importe quel·le touriste – mais plus à vous.

Quel son fait la vache ? Buuurger !

« Les États-Unis sont et restent un pays de fast food. De sa création à sa position de domination, la restauration rapide est ce que nous sommes et avons été. (...) Elle ne peut être séparée de l'esprit entrepreneurial de l'industrialisation des années 20, du trauma de la Grande Dépression, de l'orgueil et de la fanfaronnade du boom économique de l'après-guerre, de la construction du réseau d'autoroutes inter-États et des préoccupations nationales liées au temps, au travail et à la destinée individuelle. Les États-Unis sont faits pour aimer la restauration rapide, et pas seulement parce que le système agricole a été truqué pour la soutenir. »

(Adam Chandler, *Drive-Thru Dreams*, 2019.)

J'ai 21 ans. Je le sais parce que cette année-là, j'habite encore chez mes parents, qui viennent de déménager en périphérie de Bruxelles, dans un hameau paumé qui écope alors de toute ma frustration. L'année suivante, deux mois à peine après avoir été engagée à mi-temps dans une salle de concert, je déménagerai pour une première colocation catastrophique. En attendant, je prends chaque jour un tram qui m'emmène du centre-ville, où je valide ma dernière année de journalisme, à l'extrémité nord de la ville. Quarante minutes de trajet passées à bouquiner dans un brouhaha de sorties d'école et retours de commissions, souvent debout jusqu'à ce que le wagon se vide des gamin·es et de leurs mères à cabas. À cette époque, je me gave de « journalisme littéraire ». Je lis tout ce qui me passe entre les mains qui ressemble de près ou de loin à ce genre souvent à la première personne et en immersion, parfois subjectif, trash par moments. Hunter Thompson, Ted Conover, Jane Kramer, Lester Bangs, Nellie Bly, Gay Talese... Ballotée par les soubresauts du tramway sur les rails, je traverse le New Jersey, la Californie et Hawaï dans les reportages de ces journalistes que je porte aux nues parce qu'ils savent raconter de bonnes histoires. Mais à moins d'une déviation, j'atterris invariablement au pied du fameux Atomium, monumentalement laide structure d'acier bâtie par le génie belge à l'occasion de l'Exposition universelle de 1958. Là, si nos horaires sont synchrones, mes parents m'attendent dans l'habitacle de la voiture, où je monte une fois sur deux en pestant contre, au choix : notre isolement, mon petit frère, la météo, le menu du soir. Mais cette fois-là, je suis extatique alors que je brandis dans le rétroviseur mon exemplaire aux pages écornées de *Eating Animals – Faut-il manger les animaux ?* en français. Dans cet essai engagé, l'écrivain Jonathan Safran Foer décrit l'élevage industriel des bêtes états-uniennes, dont l'inévitable destin est de finir dans une assiette après une (heureusement) courte vie de souffrances. Viandard repenti, l'auteur s'interroge notamment sur notre agilité intellectuelle à prendre soin de certains animaux (les chiens, les chats, les cochons d'Inde) et à en dévorer d'autres – les bœufs, les porcs, les poulets. Les critiques sont divisées au sujet de l'ouvrage mais moi, je le trouve génial, éclairant, inspirant, percutant et bien d'autres qualificatifs dithyrambiques dont j'abreuve mes parents pendant la quinzaine de minutes qui nous séparent encore de la maison. À tel point que ma mère finit par lâcher, avec son tact légendaire : « Tu ne vas quand même pas devenir végétarienne ? » Spoiler : je n'ai jamais cessé de manger des animaux, même si je partage aujourd'hui ma vie avec un sublime félin à poils longs et un pantouflard bouvier bernois. Mes lectures ont tout de même actionné le levier du dégoût devant les barquettes de bidoche de supermarché – une sorte d'hypocrisie circonstanciée dont je m'accommode jusqu'ici. Comme d'autres citadin·es bien achalandé·es en boucheries propres sur elles, j'assure à qui veut l'entendre que « je ne mange quasi pas de viande chez moi, juste au resto, ou alors tu vois, vraiment de la super-qualité-hyper-bien-sourcée ». Ce n'est presque pas faux. Bien sûr, je sais que pour notre bien, celui de cette planète et des principaux concernés, nous devons manger moins de viande. J'en suis absolument persuadée et je me fais volontiers l'avocate de la cause, mais toujours à distance. Car en même temps qu'il m'a convaincue, l'essai, à l'époque, m'a aussi donné une sacrée excuse : c'est bien pire ailleurs. Et ailleurs, c'est aux États-Unis.

C'est un autre livre publié en 1906 qui révèle l'étendue du problème – et transforme le cours de l'histoire. Pour l'écrire, Upton Sinclair, journaliste réformiste de 26 ans, voyage jusqu'à Chicago où il suit sept semaines durant le quotidien des travailleur·ses des abattoirs de la ville. Plutôt qu'un long article compilant ses recherches, Sinclair gratte un roman, *The Jungle*, au titre a priori sans lien avec son terrain d'observation, jusqu'à ce qu'on plonge dedans. « La viande était jetée dans des charrettes, et l'homme qui l'empilait ne se donnait pas la peine d'en écarter un rat quand il en voyait un – il y avait des choses qui se mêlaient à la viande hachée en comparaison desquelles un rat gangrené n'était rien », raconte l'auteur au cours d'un récit où la loi de la jungle implique que des trimeur·ses achèvent (mal) des bêtes qui finiront par les tuer d'empoisonnement ou d'épuisement. Roman social, *La Jungle* décrit la boucherie industrialisée de cadavres putrides de bœufs rincés à la glycérine pour en masquer la puanteur, aux étiquettes délibérément contrefaçonnées dans des écorchoirs où les ouvrier·ères n'hésitent pas à pisser et chier sur le sol. Le bouquin fait un carton et l'horreur est totale, mais son succès détourne les intentions premières de Sinclair : conscientiser les États-Unien·nes aux conditions de travail des travailleur·ses d'abattoir. À la place, le pays est surtout révulsé par les descriptions de viande pourrie dopée aux produits chimiques. « J'ai visé le cœur du public, et j'ai touché son estomac », commente à l'époque le jeune journaliste. Le président Theodore Roosevelt, qui a pourtant consommé de cette barbaque faisandée à l'armée, insiste pour réaliser une contre-enquête. Les deux examinateurs qu'il envoie dans les abattoirs reviennent si indignés que le Congrès ne tarde pas à faire passer le Pure Food and Drugs Act, une loi qui modifie à tout jamais la manière dont la viande est produite et contrôlée aux États-Unis – et donc de quoi se nourrissent ses habitant·es depuis[93]. Tout ce beau monde n'en reste pas moins un bon moment flippé par la viande de bœuf, sa version hachée d'autant plus. Historiquement pourtant, les États-Unien·nes adorent l'animal dont elle provient, que les

[93] Contre toute attente, Upton Sinclair est contre le texte : il estime que la loi favorise les grands abattoirs, qui ont davantage de moyens de respecter les nouveaux critères de production imposées. Les conditions de travail des ouvrier·ères, elles, ne font pas vraiment partie des réflexions.

Espagnol·es ont rameuté sur le continent au 15e siècle pour bosser dans les plantations de cannes à sucre, puis pour grignoter les territoires occupés initialement par les personnes autochtones. Le bétail était ensuite expédié à Chicago, Illinois, dans les mêmes abattoirs investigués par Upton Sinclair.

New York, Connecticut, Wisconsin, Ohio... Les historien·nes n'ont jamais vraiment tranché sur l'origine du premier burger, une galette de bœuf entre deux coussins panifiés. L'immigration allemande issue de la Révolution de Mars de 1848 aurait rapatrié sur le continent américain la pratique consistant à taillader la viande jusqu'à en faire de la « chair à saucisse », elle-même inspirée des Tartares[94] qui l'auraient empruntée aux Mongol·es. Certaines sources parlent plutôt d'une genèse anglaise, s'appuyant sur une recette parue dans le british *Art of Cookery Made Plain and Easy* en 1747. Reste que sa diffusion en dehors des cuisines domestiques et des restos n'aurait été possible sans l'avènement, au milieu des années 1870, d'une technologie états-unienne : le hachoir à viande. On exhibe l'ingénieuse machine à manivelle dans les foires du pays, où les exposant·es accouchent de *patties* : des boulettes aplaties, cuites au gril, qu'on vautre sur du pain pour les visiteur·ses[95]. Au début du 20e, le burger devient plus largement distribué par des vendeur·ses de rue peu scrupuleux·ses de la qualité et fraîcheur de la viande hachée. Car le burger est un superbe cache-misère pour une bidoche un peu passée, mélangée à de l'oignon, de

[94] C'est bien ça : le steak tartare.

[95] Même si bien sûr, combiner de la viande et du pain remonte à bien plus tôt – voire même aux origines de l'humanité culinaire.

l'ail, des épices, et planquée dans une miche. Ajoutez à cela la répugnance nouvelle du pays pour la viande de bœuf, réveillée par le livre d'Upton Sinclair, et vous obtenez un plat certes peu cher, mais pas vraiment populaire – aujourd'hui comme hier, personne n'aime les intoxications alimentaires. À l'époque, un critique avertit : « Le phénomène du hamburger est à peu près aussi sûr que consommer de la viande en provenance d'une poubelle. » Malgré le Pure Food and Drugs Act, au tournant du siècle, il faudrait donc un miracle pour qu'il devienne le plat national. Mais la jeune nation aime les prodiges, et celui qui finit par transformer le burger en or s'appelle Walt Anderson.

En 1916, l'entrepreneur de 35 ans met au point une délicieuse technique pour mitonner d'efficaces et savoureux patties : il écrabouille et fait cuire ses boulettes fraîches pur bœuf en fines galettes sur une plaque brûlante tapissée d'oignons, avant de fourrer la préparation entre les deux moitiés d'un petit bun carré façonné par ses soins. Ses « sliders », comme il les appelle, grillent à toute vitesse et font un grand « smash » dans le cœur des habitant·es de la ville de St Marys, Kansas, qui campent devant son petit camion fumant. Avec les ronds amassés, Anderson s'associe à un ancien journaliste, Billy Ingram, et ouvre à Wichita un premier restaurant baptisé White Castle – « Château blanc ». L'enseigne a effectivement une allure de fort immaculé équipé d'une cuisine dernier cri, ouverte sur la salle. C'est que le duo n'a rien à cacher : sa viande est de qualité, livrée deux fois par jour, et l'espace si net qu'on pourrait y manger par terre. Ici, le bœuf haché n'est plus une infâme bouillie avariée, mais l'élément central d'un snack impeccable qu'on s'offre en échange de quelques nickels. Pour combattre un peu plus la sale réputation du steak haché, la paire sponsorise également une étude menée par l'Université du Minnesota, au cours de laquelle des cobayes humains ne sont nourris que de hamburgers White Castle et d'eau durant treize jours, et qui accouche de résultats bien plus encourageants que ceux du documentaire *Super Size Me*[96]. Dans les années 20 et même avec la grande Dépression, le restaurant se mue en chaîne qui domine le paysage du burger aussi *fast* que *good* – et *cheap*[97]. White Castle n'a pas inventé le burger, bien sûr, mais Anderson et Ingram ont transformé l'étrange et peu ragoûtant sandwich sans idéal ni ambition en fricot bon sous tous rapports. C'est avec le même souci du détail et un système encore plus efficace que McDonald's achève de lui tailler une place de choix au *hall of faim* mondial… mais pas sans l'aide indirecte d'un autre obsédé de la productivité, Henry Ford. Car après le hachoir à viande et l'avènement d'une enseigne techno-hygiéniste, c'est une autre innovation qui scelle le succès du sandwich : l'automobile.

En 1909, une Ford modèle T coûte la somme alors astronomique de 825 dollars. Douze ans plus tard, grâce à l'industrieuse chaîne d'assemblage de l'inventeur du fordisme, le prix tombe à 310 dollars – carrément plus accessible. Les voitures courent

[96] Son protagoniste principal, le réalisateur Morgan Spurlock, a filmé durant un mois les conséquences sur son propre corps d'un régime exclusivement composé de produits McDonald's.

[97] La chaîne existe toujours avec, à sa tête, Lisa Ingram – l'arrière-petite-fille du co-fondateur de White Castle. Une entreprise restée familiale et qui n'a pas suivi la croissance internationale de McDonald's et consorts, mais reste culte aux États-Unis. Elle est notamment le centre de l'intrigue du film *Harold & Kumar chassent le burger*. Le slider au bun carré imaginé par Walt Anderson a quant à lui été nommé Burger Le Plus Influent de Tous Les Temps par le magazine *Time*.

très vite les rues, et le triomphe du tacot porte celui du burger. En 1949, les trois-quarts des automobiles qui circulent dans le monde roulent aux États-Unis. Et le steak haché emballé dans un pain brioché qui absorbe le jus de viande, ultra-portable et à une main seulement, est le casse-dalle idéal des virées en roue libre sur les autoroutes flambant neuves du pays. Ces dernières réorganisent le territoire et permettent de relier plus rapidement que jamais les grandes villes, pour les affaires comme le plaisir. Au début des années 40, le long d'une route de San Bernardino en Californie, les fils d'un contremaître d'usine de chaussures, Richard « Dick » et Maurice « Mac » McDonald, ouvrent un stand d'où ils envoient des sandwichs au bœuf ou au porc barbecuetés, du chili, des *tamales*, du jambon et des haricots, ainsi qu'un « aristocratique » hamburger[98] flanqué de *french fries*. Le tout s'emporte sur un banc ou dans sa bagnole, puisque le petit restaurant des frères McDonald n'a pas de salle à proprement parler, tout juste quelques tabourets au comptoir, car il fonctionne en synergie avec le parking adjacent. Comme à White Castle, la cuisine est ouverte pour permettre aux client·es de s'assurer de son hygiène irréprochable. L'affaire va comme sur des roulettes, mais en 1948, Dick et Mac décident pourtant de fermer l'enseigne durant trois mois – le temps de repenser et huiler la délicate mécanique de leur business. Avec un terrain de tennis en guise de plan grandeur nature[99], les frérots McDo revoient l'agencement des éléments de la cuisine,

[98] L'ancêtre du Big Mac avait pour nom « L'Aristocrate ».

[99] Il faut voir la reconstitution de la scène dans *The Founder* par John Lee Hancock et avec Michael Keaton, sorti en 2016. Le film raconte également comment les frères McDonald ont été évincés de leur propre *success story* par un businessman dans l'âme (ou sans, à vous de voir) : Ray Kroc.

où chaque mouvement est décortiqué et optimisé. Le menu est débarrassé de ses items superflus pour se concentrer sur les sodas, milkshakes, frites et burgers, tandis que ces derniers sont perfectionnés, calibrés, standardisés et désormais bouffés à la main (sans couverts) après avoir été servis dans des sacs en papier – jetables. Ils sont aussi bien montés et abordables qu'une bagnole américaine, façonnés avec la même habile économie de moyens et d'énergie que le permet un assemblage à la chaîne fordiste. La preuve : les employé·es de McDonald's sont capables de servir un repas complet en vingt secondes. C'est qu'aux États-Unis, la rapidité est devenue la vitesse par défaut[100], et comme l'expose Adam Chandler dans son *Drive-Thru Dreams* consacré aux fast-foods, la mobilité motorisée comme le burger sont désormais des expressions du patriotisme états-unien. Rejoints, puis remplacés par Ray Kroc, un vendeur de machines à milkshake opportuniste aux méthodes douteuses, les frères McDonald ont contribué à bâtir l'industrie de la restauration rapide telle que je l'ai expérimentée dans mon tout premier taf étudiant. J'avais quinze ans et demi[101] et son odeur me suivait partout, un mélange de graisse brulée et de produits détergents. Huit heures par jour, les pieds en feu derrière la caisse d'un Quick, à empiler les Giants sur les plateaux rouges et les nuggets dans des sacs en papier, toujours trois ou quatre de plus pour les copains, et un milkshake aussi, tenez. À la pause, la poche gonflée des sept euros journaliers accordés par

[100] En réalité, dans les années 1830, les chroniques européennes mentionnent déjà avec quelle rapidité barbare les bouches états-uniennes engloutissent un repas.

[101] Je vous rassure, la Belgique a bien un droit du travail, qui spécifie qu'un·e jeune peut effectuer un job étudiant dès l'âge de quinze ans.

la chaîne pour déjeuner, je passais de l'autre côté du comptoir et commandais un ou deux cheese. Une madeleine rescapée de mes années MagicBox, quand deux fois l'an, mes parents nous emmenaient au fast-food : une galette de steak haché, deux rondelles de cornichon, de l'oignon frais, un peu de ketchup, de la moutarde. Ni plus, ni moins. Le 'dwich états-unien avait voyagé jusqu'au bled flamand de Wemmel, en bordure de Bruxelles, et il était là pour rester. Après tout, il avait traîné dans des endroits plus improbables – Guantanamo, par exemple, où il était devenu populaire pendant les interrogatoires des détenus, qui échangeaient des informations contre quelques bouchées de steak haché.

Des prisons états-uniennes jusqu'aux tours d'ivoire présidentielles[102], le plus aimé, le plus adulé de tous les burgers est sans aucun doute le Big Mac : deux patties de bœuf, du fromage orange, des cornichons, des oignons et de la laitue, le tout enserré dans un bun aux graines de sésame badigeonné d'une sauce secrète. C'est le grand vainqueur d'un combat à coups de pains qui opposa, dans les années 60, McDonald's et son concurrent direct : Burger King. Pour se distinguer des autres chaînes, Insta-Burger-King, comme il se faisait appeler alors, sort un gros burger : le Whopper. Un adversaire de poids pour écraser les classiques de McDonald's, qui s'en tient jusque-là principalement aux simples burgers et aux cheese. Mais le

[102] Le menu préféré de Donald Trump, lorsqu'il voyageait à bord d'Air Force One, comprenait deux Big Mac, d'après son ancien directeur de campagne Corey Lewandowski. Plus improbable, lorsqu'il est devenu Président de la République, Emmanuel Macron a été surnommé par un journal allemand « le Barack Obama français », et par un papier britannique « The Big Mac ».

(déjà) géant n'est pas du genre à se laisser faire, et récupère à sa sauce l'idée d'une vieille enseigne, Bob's Pantry. Bob Wien, son créateur, avait répondu à la demande spéciale d'un client en tranchant un bun en trois étages, où venaient s'intercaler deux patties. Le Big Boy, le nom de sa création, était devenu celui de son restaurant. C'est de ce « Grand Garçon » que McDo a tiré l'inspi pour son Big Mac, plus haut et plus grand que ses burgers précédents. Plus, toujours plus de viande, dont les galettes s'empilent désormais à l'infini, ou presque, dans les burgers que dévorent avec avidité les États-Unien·nes. 1976 marque l'année où ils et elles ont graillé le plus de barbaque : 42 kilos par tête. L'élevage de bêtes destinées à la consommation, plus de 30 millions par an, représente actuellement le segment le plus important de l'agriculture du pays – avec les États du Nebraska, du Kansas, du Texas, du Colorado, de la Californie, du Wisconsin, de Washington et de Pennsylvanie en tête des éleveurs. Depuis 1960, la production mondiale de viande a pris plus de 400 % d'augmentation dans les dents. Les protéines, que nombre de mangeur·ses pensent surtout puiser dans la bidoche, n'a pas la même mauvaise presse que les graisses et le sucre. C'est même tout l'inverse : selon une récente étude, 90 % des répondant·es états-unienne·s estiment qu'il est « assez voire très important d'avoir un régime alimentaire suffisamment protéiné ». C'est même une obsession alimentaire et politique, justifiée vous diront certain·es, « parce que nous sommes des carnivores[103] ». Consommer de la chair animale nous aurait

[103] C'est faux, nous sommes en réalité des omnivores « opportunistes », c'est-à-dire que nous pouvons nous nourrir de végétaux et occasionnellement de viande, quand l'occasion se présente.

même permis de développer de plus petits estomacs et de plus gros cerveaux, et de passer moins de temps à cueillir et plus à construire notre humanité – de quoi justifier notre envie de faire passer à la casserole poulets comme baleines. Dans son livre *Meathooked*, l'autrice et journaliste scientifique Marta Zaraska estime quant à elle que « nous avons soif de viande parce qu'elle représente la richesse et le pouvoir qu'on oppose aux autres humains et à la nature. Nous savourons la viande parce que l'histoire nous a appris à considérer les végétariens comme des faibles, des *weirdos*, des prudes[104]. » À l'inverse, en abattant les autres animaux, nous sommes les gagnants – les rois et reines de la Jungle.

Mais notre consommation de viande n'est pas sans conséquences, oh, loin de là. Si je trouve de manière générale les chiffres indigestes, ce n'est rien à côté de ceux-là : d'après l'Organisation des Nations Unies pour l'alimentation et l'agriculture (FAO), 14,5 % des émissions mondiales de gaz à effet de serre proviennent directement de l'élevage – selon les sources, ce nombre s'élèverait même à 30 %. Les bovins sont ceux qui font le plus de dommages, puisque leurs quatre estomacs produisent, par fermentation, un max de méthane. Une fois relâché dans l'atmosphère, le gaz piège vingt fois plus la chaleur qui va finir par tou·tes nous cramer que le dioxyde de carbone. On parle généralement de 100 kilos de méthane par an et par ruminant, soit l'équivalent d'une bagnole brûlant

---

[104] Ma collègue Nora Bouazzouni se penche notamment sur cette question dans son très pertinent *Steaksisme – En finir avec le mythe de la végé et du viandard* (Nouriturfu, 2021).

870 litres d'essence. Un quart de la surface non-glacée de la planète est utilisé pour cultiver ce qui les alimente, eux et les autres animaux que nous mangeons, et plus d'un tiers comme pâturages. La population mondiale augmentant de manière alarmante, d'ici 2050, la nourrir aura impliqué de décimer la plupart des forêts du globe et avec elles des milliers d'espèces, nous faisant atteindre au passage les 1,5 à 2 °C d'augmentation critique de la température mondiale – et ce même si toutes les autres activités humaines polluantes sont éliminées entretemps. Les petits cochons gambadant en liberté et abattus « humainement » que j'espère hypocritement déguster sont une infime, une microscopique part des bestiaux que nous consommons, qui sont pour la plupart (mal) élevés dans des fermes-usines et dopés aux antibiotiques pour leur assurer une croissance rapide. Résultat de la course à l'engraissement, les agents pathogènes qui les infectent deviennent plus résistants. J'ai d'ailleurs tiré une drôle de gueule en lisant dans une longue enquête du *New Yorker* que « les grippes aviaires et porcines, les plus probables vecteurs de la prochaine pandémie, se transmettent facilement aux humains » – peut-être parce que le papier date du 30 septembre 2019, quelques mois seulement avant le début de l'épidémie de COVID. 60 % des maladies infectieuses qui frappent les humains étant causées par des échanges pathogènes avec des animaux sauvages, inutile d'y ajouter les animaux que nous bouffons tous les jours ou presque, si vous voulez mon avis.

Les récits d'abattoir d'Upton Sinclair remontent à plus d'un siècle, et si les conditions de production de la viande et de travail des ouvrier·ères se sont modernisées, l'organisation de la filière laisse toujours un goût sacrément amer. En 2013, Ted Conover, l'un des héros journalistico-littéraires de mes années tramway, publie une brutale immersion dans une écorcherie états-unienne. Le récit est intitulé *The Way of All Flesh* (« Le tribut de la chair », en français[105]) et se déroule à Cargill Meat Solutions, un abattoir implanté à Schuyler, au Nebraska[106]. Cargill veut nourrir le monde, et y parvient pour l'instant – c'est l'une des plus importantes sociétés de production alimentaire existantes. Mais la manière dont elle le fait, la boîte ricaine préfère probablement qu'on l'ignore. Manque de bol, c'est tout ce que Ted Conover adore. Après une courte formation et durant six semaines, il prend la place d'un inspecteur du service sanitaire du Département de l'Agriculture (USDA) intégré à Cargill, chronomètre constamment pendu au cou histoire de tenir à l'œil chaque pause et changement de poste – après tout, ces entreprises sont des pionnières de la ligne d'assemblage. Les bêtes que le journaliste infiltré voit débouler chaque jour, environ 5000, proviennent directement de parcs d'engraissement – c'est ça, l'élevage industriel. Quand elles arrivent, les vaches puent, littéralement, la trouille. Dans la salle d'abattage, c'est

[105] L'enquête a été traduite dans feu l'excellente revue de récits journalistiques *Feuilleton*. *Steak Machine*, un essai publié en 2017 aux éditions Goutte d'Or, partage quant à lui l'immersion sous couverture du journaliste Geoffrey Le Guilcher dans un abattoir français.

[106] Pensez l'équivalent de Saint-Nazaire, où Cargill s'est implanté en 1964. Là où les abattoirs étaient auparavant nichés dans les grandes villes comme Chicago, approvisionnées en bétail par le rail, ils ont depuis les années 50 été déplacés et planqués, dans les petites villes de périphérie, encourageant ainsi la naissance d'un « prolétariat américain rural » constitué essentiellement de travailleur·euses immigré·es. Ils et elles gagnent en moyenne 15 dollars de l'heure.

la cacophonie bien huilée des hommes et des machines : chuintement des plateformes hydrauliques, hurlement des scies à carcasses et cognement du pistolet à tige perforant le crâne des bœufs. « La tâche de l'assommeur est de placer le pistolet contre le front de l'animal et d'appuyer sur la détente. La plupart du temps, la vache s'effondre immédiatement, du sang s'écoule du cercle où la grosse tige d'acier est entrée puis ressortie. Si un coup ne suffit pas, l'assommeur recommence. Pendant ce temps, au niveau du sol, un deuxième employé portant un casque avec un masque et un uniforme de protection rembourré a fixé un manchon autour de la patte arrière de l'animal. Une fois la vache assommée, la chaine la soulève et le corps commence son tour de la salle d'abattage. De temps à autre, un animal est secoué de convulsions », décrit Ted Conover. C'est que la bête n'est pas encore morte, juste sévèrement étourdie, pour que son corps encore fonctionnel pompe le sang hors du corps une fois sa gorge tranchée. Puis vient l'écorchage, le démembrement et la découpe, dont je vous épargne les détails parce que la nausée n'est pas loin, soit 150 mètres de chaîne macabre que surveillent 7500 inspecteur·rices comme Conover à travers le pays, depuis qu'Upton Sinclair et son livre sont passés par là. Aux États-Unis, on compte près de 850 abattoirs, et plus de 3700 usines de transformation de viande rouge. Quatre entreprises seulement se cachent derrière plus de 80 % de la production de viande bovine aux États-Unis. Il s'en mange chaque année 24 kilos par personne. Le secteur porte 5,4 millions d'emplois, selon le North American Meat Institute, le lobby de la bidoche US. Mais la filière est connue pour son gros turnover. Sur la ligne d'assemblage (ou plutôt de désassemblage), on répète les mêmes mouvements huit heures d'affilée, avec seulement deux petites pauses, un rythme causant douleurs et inflammations, quand ce n'est pas tout simplement l'accident de travail : chaque mois, on en compte 17 « sévères », c'est-à-dire requérant une hospitalisation. Les trimard·es des abattoirs ont en effet trois fois plus de chances de souffrir de brûlures au deuxième degré, de traumas crâniens ou d'amputations (deux par semaine) que la moyenne des États-Unien·nes, d'après les données de l'Administration de la Santé et Sécurité au Travail. Durant la première vague de COVID, les usines à viande abritent d'impopulaires méga-clusters dus au manque de moyens mobilisés pour protéger les travailleur·ses. Comme la souffrance des animaux, leur mal-être est invisible pour les consommateur·rices, gavées soit d'images d'Épinal représentant d'adorables veaux en pâtures, soit de publicités bien packagées pour des burgers. À tel point qu'il semble ne plus exister aucun lien entre les deux : un steak haché est un steak haché – pas une vache.

Pour l'auteur de *Fast Food Nation*, cette industrialisation de la barbaque, en dépit du bien-être des humains et des bêtes, satisfait avant tout l'appétit gargantuesque des entreprises de restauration rapide qui réclament une bidoche qui aurait toujours le même goût pour des burgers toujours identiques, qu'on achète au drive-in ou à la douzaine surgelée au supermarché – une standardisation déjà entamée par les fondateurs de White Castle puis McDonald's. Mais en 1997, les États-unien·nes ont été rappelés à la réalité des abattoirs, même modernes, même contrôlés, à l'occasion de l'un des plus grands retours de produits de l'histoire du pays. Cette année-là, après une série de cas d'infections par un variant ultra-dangereux et potentiellement mortel de la bactérie E. Coli, l'USDA retrouve dans le congélo d'un malade, Lee Harding, une boîte de steaks hachés infectés. Ils proviennent d'une usine de Colombus, toujours dans le Nebraska, qui approvisionne essentiellement la chaîne Burger King. Près de 16 millions de tonnes de bidoche sont rappelés[107]. L'année précédente, un rapport révélait déjà que 78,6 % des produits bovins contenaient des traces de matières fécales. En clair, comme l'écrit le journaliste Eric Schlosser dans *Fast Food Nation* : « Il y a de la merde dans la viande. » Et alors que la recherche prouve de plus en plus régulièrement les liens entre maladies dangereuses et transformation de la bouffe, il est pourtant de plus en plus compliqué d'exposer les défaillances des abattoirs états-uniens. La faute au manque d'indépendance des contrôleur·ses de l'USDA, dissoute dans le fonctionnement des abattoirs, et aux lobbies de la bidoche qui bloquent la mise en place de nouvelles régulations grâce à leurs liens avec le Parti Républicain[108].

[107] L'histoire complète, qui, je préviens, tord un brin les boyaux, est racontée dans le livre *Fast Food Nation* d'Eric Schlosser (2001).

[108] Sous Reagan, le premier Secrétaire de l'agriculture était dans le biz de la viande, et le second, président de l'American Meat Institute, tandis que le boss de l'inspection de l'USDA était vice-président de l'Association américaine des Éleveurs. Sous George Bush, c'était carrément le président de l'asso qui avait le job. Vu leurs postes, difficile d'imaginer qu'ils ne défendaient pas l'industrie de volume en priorité. Récemment, Joe Bidden a annoncé vouloir davantage soutenir les petits abattoirs, possiblement plus respectueux des bêtes, des travailleur·ses et des consommateur·rices. « Le capitalisme sans compétition n'est pas le capitalisme – c'est de l'exploitation », a-t-il annoncé.

À ce stade de mes recherches, j'ai sérieusement mal au cœur, au propre comme au figuré. Je réalise seulement plusieurs semaines plus tard que cette sensation coïncide avec un défi personnel et initialement sans lien avec ce livre : ne plus consommer de viande hors de chez moi, et me plier à domicile à un régime carrément vegan (c'est-à-dire sans sous-produit animal comme les œufs, le lait et le beurre), et ce pendant un mois. Je suis donc, pour un temps au moins, a minima végétarienne[109]. Je ne suis, évidemment, ni la première ni la dernière à adopter ce régime. Avant qu'on ne se mette à parler de « végétarisme » et de « véganisme », on nommait, en Europe, celles et ceux qui s'abstenaient de grailler de la viande des « pytagoricien·nes[110] ». En 1817, 41 disciples du philosophe grec, membres d'une église fondée par le révérend anglais William Cowered, débarquent à Philadelphie après une pénible traversée de 81 jours[111], et plantent la première communauté religieuse végétarienne sur le sol états-unien. Une poignée de ses membres, rejoint·es par le ministre presbytérien en croisade contre la gloutonnerie et la luxure Sylvester Graham[112], fondent en 1850 l'American Vegetarian Society. C'est un autre dévot veggie, rattaché à

[109] Pescetarienne en réalité, puisque je me laisse la possibilité de commander du poisson ou des fruits de mer au restaurant, mon boulot de rédactrice en chef pour un guide d'adresses de bouche français ne me permettant pas vraiment de faire l'impasse sur ces sorties.

[110] Notez que les mangeur·ses européen·nes n'ont évidemment pas inventé le végétarisme : c'est une donnée importante la culture culinaire de certaines communautés, asiatiques et africaines notamment, depuis la nuit des temps.

[111] La moitié craquera d'ailleurs pendant la traversée et s'enfilera quelques rations carnées. On imagine alors l'ambiance à bord, un mélange de La Croisière Confuse et d'Île de la Tentation…

[112] Les biscuits au son Grahams (si fades qu'ils étaient censés décourager ses consommateur·rices de s'adonner aux plaisirs de la chair et de la chère), c'est lui !

l'église adventiste du Septième Jour, le Docteur John Harvey Kellogg[113], qui commercialise la première « fausse viande[114] » : dans son sanatorium de Battle Creek, Michigan, il fait servir du « Protose », une mixture fadasse à base de noix et de gluten, au goût « à la croisée du veau et de la poule au pot », vante-t-il. Un peu plus d'un siècle plus tard, la Kellogg Company poursuit sa guerre sainte en vue de remplacer la bidoche par des substituts (juste un poil plus goûtus) avec Incogmeato, une marque de produits veggie produits par sa filiale Morningstar Farms : des saucisses, des nuggets, mais surtout des burgers à base de concentré de protéines de soja. Qu'il en ait juste le nom ou qu'il ressemble à s'y méprendre à son cousin barbaqueur, le patty de légumes et de céréales est devenu l'une des formes (circulaire ou ovale, et aplati) les plus populaires et (re)connues de substitut de viande. À tel point qu'en 2015, au sommet de la hype du burger, le magazine *GQ* décernait son prix du meilleur bun de l'année à celui du chef (ex-batteur punk[115] et pâtissier primé) Brooks Headley et son spot new-yorkais Superiority Burger, y poussant par la même occasion des grailleur·ses pas forcément véges. De son côté, Kellogg's vise spécifiquement les

[113] Les céréales Kellogg's (alors si insipides qu'ils devaient eux aussi donner peu envie de ken), c'est lui !

[114] Du latin *vivanda* (ce qui sert la vie), le mot « viande » n'a pas toujours désigné des pilons de poulet au barbeuc' ou de la *carne asada*. Au Moyen Âge, on l'utilisait pour définir un tas d'aliments : il y avait la viande graine, la viande végétale, la viande noire pour le gibier faisandé... Aujourd'hui, aux États-Unis comme en Europe, les lobbies viandards s'opposent légalement à l'utilisation du terme pour qualifier tout ce qui ne contiendrait pas de chair animale.

[115] Dans les années 80, nombre de musicien·nes et d'amateur·rices de hardcore étaient végétarien·nes ou vegan. Il y a quelques années, j'ai eu l'occasion de creuser le sujet dans deux articles qui m'avaient plongée dans les casseroles de festivals de musiques « dures », les pages photocopiées de fanzines et les archives photo d'un échevin belge.

flexitarien·nes, c'est-à-dire ces personnes qui alternent entre un régime omnivore et végétarien, et comme moi, pas fâché·es avec les galettes de millet. Pour les appâter, Kellogg's a choisi, plutôt que s'ostraciser au rayon veggie, de s'exhiber à côté des produits à base de viande[116]. Une stratégie copiée sur ses deux plus grands concurrents : Beyond Meat et Impossible Foods.

Innocemment (ou bêtement), je me suis souvent demandé pourquoi les végétarien·nes, que personne au fond n'avait forcé·es à abandonner steaks et escalopes, insistaient pour créer des ersatz de plats bidochants. « Pourquoi copier le hamburger dans l'espoir de le remplacer ? Eh bien, pourquoi pas ? Pourquoi les mangeurs de viande devraient-ils avoir le monopole du plaisir des patties protéinés ? » rétorque Carol J. Adams dans le cultissime essai *Politique sexuelle de la viande*. Une autre réponse, c'est qu'un burger végétal trop bon, ça fout les jetons à l'industrie de la barbaque : pour diminuer de moitié les gaz à effets de serre et la déforestation liés à l'agriculture d'ici 2050, il suffirait de remplacer 20 % de la viande de bœuf et d'agneau que nous mangeons par des substituts. C'est exactement ce qui aurait motivé un prof de biochimie de l'Université de Stanford, Patrick O'Reilly Brown, à plaquer sa carrière académique pour monter en 2011 l'une des entreprises de simili-viande parmi les plus bankables du 21e siècle : Impossible Foods. Il faut voir le bonhomme. À 66 piges, ce lauréat vegan d'un prix de la National Academy of Science en biologie moléculaire en fait dix de moins, en partie à cause de ses cheveux en bataille

[116] 93 % des acheteur·ses de simili-viande Kellogg's vendue dans la chaîne de supermarchés Kroger y avaient aussi acheté du bœuf, du poulet, du porc…

et ses t-shirts à messages activisto-provocateurs. Il me fait penser à cet autre professeur qui, durant mes études, portait sa casquette à l'envers et m'avait initiée à Twitter alors qu'il avait près du double de mon âge. Il avait l'air d'être né dans la mauvaise génération et en faisait parfois un peu trop pour prouver qu'il n'avait pas raté le train du progressisme et de la technologie, mais il avait aussi l'autorité naturelle de celui qui avait nos références, en même temps que l'expérience des adultes. De la même manière, Patrick Brown peut la jouer disruptif[117] tout en séduisant les investisseur·ses. La singularité de son Impossible Burger, développé en 2016[118] pour la modique somme de 80 millions de dollars ? Il saigne. Et d'après le scientifique-entrepreneur, c'est paradoxalement ce qui pourrait nous faire décrocher de la viande. Le patty est principalement composé d'eau, de protéine de blé, d'huile de coco, de protéine de pomme de terre et de « parfums naturels », un mix semblable à nombre de burgers végétaux. Mais il possède un ingrédient qui le différencie de tous les autres : de la protéine à hème – comme dans « hémoglobine ». Cet élément, qui provient non pas du sang d'un être vivant mais est développée en laboratoire à partir de levures de soja[119] génétiquement modifiées, permet au Impossible Burger de garder, pendant la cuisson, sa couleur rosée, sa texture juteuse et son petit goût légèrement ferreux

[117] En 2019, le titre de travail d'un rapport d'Impossible Foods était « Fuck the Meat Industry » – pas besoin de vous faire la traduction, je crois. « Je n'ai jamais sérieusement prévu de l'utiliser, mais ça aide à situer le mojo », a-t-il raconté au journaliste Tad Friend.

[118] Depuis, le produit initial a été amélioré pour le rendre plus juteux et savoureux.

[119] Initialement, il s'agissait de levures de blé. L'Impossible Burger est donc désormais gluten-free, idéal pour capter le marché cœliaque.

typique de la bidoche. Quand le chef David Chang devient la première gastrocélébrité à l'adouber, soudain, tout le monde et sa voisine crève d'envie de mordre dans le produit qui a rendu l'impossible possible : faire passer un hamburger végétarien pour un bon vieux steak de haché de bœuf, contre 10 % de l'empreinte carbone[120] de ce dernier – tout ça pour 6,49 dollars le pack de deux ou 1,50 dollars pièce congelé. « Si notre produit ne peut pas rivaliser sur des métriques comme le goût, le prix, la praticité et la nutrition, alors tout ce que nous faisons, c'est donner bonne conscience aux riches », estime Pat Brown. Vu comme ça, le plan de conquête des estomacs et du monde d'Impossible Foods est parfait. Sauf que son burger peine à traverser les frontières. En cause, cette même protéine à hème, obtenue par modification génétique. Dans l'Union européenne, c'est bien simple : jusqu'à présent l'ingrédient n'a pas reçu d'autorisation et l'Impossible Burger n'y a donc pas de passeport[121]. Même aux États-Unis, sa sortie a été rendue compliquée par des groupes de consommateur·rices concerné·es qui ont demandé des preuves que la consommation du produit n'était pas dangereuse à la Food and Drugs Administration, laquelle a estimé qu'elle n'en savait pas assez pour donner son approbation, et ce malgré les données refilées par Impossible Foods. Un millier de nouvelles pages de tests plus tard, l'entreprise a finalement

[120] Mais aussi 87 % moins d'eau et 96 % moins de terres utilisées.

[121] Impossible Foods a néanmoins toujours le marché européen dans le viseur, comme il l'a prouvé en faisant monter à bord de son conseil d'administration Christiana Figueres, rien de moins que l'ex-secrétaire exécutive de la Convention-cadre des Nations unies sur les changements climatiques. En mai 2022, l'entreprise a lancé sur le marché britannique deux produits : des nuggets et des saucisses – sans hème, donc.

obtenu un feu vert, qui n'a pas empêché les accusations de marketing mensonger[122] et les boycotts pour expérimentations sur animaux de déferler – ou quand changer le monde implique quelques petits « arrangements ».

Que j'approuve ou non le côté cowboy en bottes de cuir vegan (ou anti-héros à cape en coton bio) de Patrick Brown, j'aurais aimé cuisiner son patty, une mission toujours impossible à l'heure actuelle à cause des législations européennes. En revanche, j'ai fait grésiller celui de son concurrent, Ethan Walden Brown[123], le créateur de Beyond Meat. Ce végétarien depuis l'école secondaire, ancien haut placé d'un lobby énergétique faisant la promo de l'hydrogène, bosse sur le projet depuis 2009 – deux ans avant la création d'Impossible Foods, donc. Sa gamme va des simili-boulettes de porc au faux poulet pané, en passant par la viande séchée contrefaite et, bien sûr, le steak haché truqué. Si celui-ci saigne également, c'est cette fois grâce à du jus de betterave incorporé à une préparation à base de protéine de haricot, mais aussi de tout un tas d'ingrédients plus ou moins chelous : de l'huile végétale, de la levure, de la maltodextridine, de la gomme arabique, de l'acide succinique, de la cellulose de bambou, des extraits d'agrumes, de la glycérine végétale… Une liste longue comme un jour sans bun. Le Beyond Burger est clairement un produit ultra-transformé, mais pour la peine, sans éléments génétiquement transformés.

---

122 L'entreprise décrivait alors la protéine à hème comme une « molécule magique » résultant de la « fermentation ». Il faut chercher un bon moment sur son site avant de trouver la mention d'un processus de modification génétique.

123 Oui, les fondateurs d'Impossible Foods et de Beyond Meat portent le même nom de famille et, oui, c'est un hasard total.

Plutôt que de créer de nouveaux ingrédients comme Impossible, l'entreprise a préféré dégoter « leurs équivalents végétaux et les assembler selon l'architecture de la viande », et ce pour le même coût environnemental que son compétiteur. Ce jour-là, dans ma cuisine, la barquette aligne côte à côte deux cercles de « viande » hachée rose, un peu comme un steak qui n'aurait pas vu la lumière du jour depuis trop longtemps puis aurait pris un léger coup de soleil. Puisque le secret d'un bon burger est selon moi un juste équilibre entre chair et gras, je ne lésine pas sur le beurre, qui mousse à feu moyen dans ma poêle antiadhésive. Au contact avec la matière grasse, le produit fait entendre son chuintement aigu habituel, le pssshhhhhhhh délicieusement odorant, ici moins puissant – j'ai presque envie de dire, moins appétissant. Le patty prend son temps pour colorer, et quand il le fait, c'est en taches brunes disparates qui laissent voir entre elles le rose originel. Parce que je crains de mordre dans une galette molle, voire crue en son centre, et que je vise cette légère et délicieuse caramélisation sur les bords, j'insiste un peu sur la cuisson. Je chapeaute ensuite le hamburger légèrement smashé d'une tranche de cheddar qui fond un peu trop lentement à mon goût. J'empile finalement, entre les deux moitiés d'un bun boulanger tartinées de ketchup et moutarde, une feuille de laitue croquante, le steak haché et son cheese, de l'oignon rouge pickelisé et un cornichon tranché. Ce n'est pas renversant, mais c'est plutôt bon. Texturé, d'un goût proche de la viande et nourrissant, le Beyond Burger fait le job.

Et encore plus sur la plaque chauffante d'un fast-food qui cherchait à capter un nouveau marché veggie : McDo s'approvisionnait jusqu'il y a peu chez Beyond[124] tandis qu'Impossible est à peu près partout ailleurs où l'on vénère le burger, du pionnier White Castle à Burger King. Au premier abord, l'industrie de la restauration rapide me semble franchement juste suivre le mouvement dans l'espoir de gratter de nouveaux·lles client·es, son but étant probablement davantage l'accumulation de pépettes que la sauvegarde de la planète. D'ici 2031, 10 % de la « viande » que nous consommons mondialement pourrait être vegan (contre moins de 2 % actuellement) et le marché représenter 1,4 trillion de dollars – et c'est une banque, Barclays, qui le dit[125]. Ceci étant dit, les choix des chaînes de fast-food ont un vrai impact sur ce que les États-Unien·nes mangent, et ce même quand ils et elles ne mordent pas dans un bun juteux. Prenez McDo, le plus grand acheteur de viande de bœuf au monde. La pression qu'il met sur les abattoirs pour en tirer un max de bidoche en ont fait des lieux de travail dangereux, bien plus concentrés sur la productivité de leurs employé·es que sur leur sécurité et leur bien-être. Mais quand dans la foulée des divers scandales liés à E. coli, la chaîne leur a demandé de prouver que les steaks hachés qu'ils lui refourguaient étaient *safe*, les fournisseurs se sont équipés d'un meilleur matériel de test et ont mis en place de nouvelles procédures plus hygiéniques. McDonald's annonce vouloir servir un McChicken dont le poulet aurait été élevé sans antibios et un McMuffin avec

[124] Après avoir été le dernier géant de la restauration rapide à se mettre à la galette végé, McDonald's a rayé de ses menus le McPlant Burger, dû à un succès mitigé lors d'un test de six mois dans 600 restaurants. Les ventes de l'Impossible Whopper de Burger King sont elles aussi moins élevées qu'espéré.

[125] UBS, une autre banque, parle de 85 milliards.

œufs issus de poules qui n'auraient pas grandi en cage, et c'est l'entièreté de la filière de production qui a intérêt à s'aligner, sous peine de perdre un très, très gros client. Et avec l'enseigne, tous les acheteur·euses en profitent. Alors, merci qui ?

Devant l'assiette sur laquelle ne subsistent de mon Beyond Burger que des miettes et quelques traces de sauce, j'imagine que ça pourrait nous suffire, des patties végétariens de légumes et de céréales plus ou moins transformés, à nous les humains du 21e siècle. Mais en rangeant les restes de mon repas dans le lave-vaisselle, je sais qu'on n'abandonnera pas la viande. Je sais que, malgré mon défi, je n'arrêterai pas totalement d'en manger – sinon pourquoi me serais-je offert une date limite de non-consommation ? « L'appétit est difficile à contrôler ; l'habitude de toute une vie ne s'en va pas comme ça », s'était lui-même excusé le journaliste Ted Conover devant sa première entrecôte, après son reportage à Cargill. Mais dans les laboratoires, certain·es rêvent d'une alternative à la suppression totale des plats-de-côte de notre régime alimentaire, une solution qui libérerait les terres du pâturage industriel, règlerait les questions de bien-être animal et de sécurité alimentaire, et remplacerait les abattoirs : la viande cellulaire. C'est ça, la bidoche en tube. La barbaque de labo. La bouffe in-vitro. Et à vrai dire, ce n'est plus vraiment un rêve. Le 5 août 2013, sur un plateau qui ressemblait plus à celui d'une émission télé que d'une conférence de presse, le scientifique hollandais Mark Post[126] proposait à quelques *happy fews* la dégustation

[126] Il est aujourd'hui aux manettes de l'entreprise MosaMeat, qui se dédie à l'élevage cellulaire.

du premier hamburger cultivé en laboratoire – un minuscule patty composé de 20 000 fibres musculaires issues de cellules souches animales, qui avait mis trois mois à « pousser » dans un précieux liquide. Le steak haché était un peu pâlot malgré la cuisson au beurre et à l'huile de tournesol du chef Richard McGowan, pas vraiment tendre et au goût plutôt indéfinissable, mais il n'avait nécessité qu'un infime prélèvement sur une bête (toujours) vivante – et 325 000 dollars tout de même, financés par le cofondateur de Google. Sept ans plus tard, le procédé est toujours le même, et intéresse de gros investisseurs (Bill Gates et Richard Branson pour ne citer qu'eux), des boîtes agroalimentaires bien installées et même des gouvernements – la Chine, le Danemark ou encore... les États-Unis. La technique peut être expliquée de manière barbare comme ceci : on prélève quelques tissus sur un jeune animal (une vache pour le burger de synthèse originel, mais les volailles donnent de particulièrement bons résultats), en grande partie du muscle pour la texture, et un peu de graisse[127] pour le marbré « naturel ». Ces cellules dites « souches » sont ensuite plongées dans des incubateurs remplis d'un liquide riche en nutriments, où elles vont grandir et proliférer lentement jusqu'à l'obtention d'une « masse » (quelques centimètres de chair, en réalité) identique sur le niveau moléculaire aux tissus musculaires et graisseux qu'on pourrait trouver sur une bête. Cette culture de tube à essai est blanche, et les techniciens la colorent par divers moyens, parce qu'en toute logique, personne ne veut manger une viande qui

[127] Le gras, c'est la vie, mais c'est surtout particulièrement compliqué à répliquer, raison pour laquelle les steaks cellulaires sont pour l'instant aussi secs que la Dune du Pilat à l'été 2022.

ressemble à celle… d'un cadavre.

Je vous imagine lire ceci, et je sais que nombre d'entre vous se jurent actuellement de ne jamais mettre la bouche à de la bidoche in vitro. « Un tas de gens considèrent que la viande produite en laboratoire est repoussante. Mais s'ils voyaient ce qui se passe dans le parcours normal d'un abattoir, ils trouveraient ça tout aussi dégoûtant », vous rétorquerait la chercheuse Helen Breewood, qui a travaillé à l'élaboration du premier burger cellulaire. Ceci étant dit, vous n'êtes de toute façon pas prêt·es de goûter cette « viande propre » – une grosse poignée de personnes dans le monde seulement en a déjà eu l'opportunité, bien moins que le nombre de celles qui sont allées dans l'espace. Seule une entreprise californienne[128], Eat Just[129], a reçu à ce stade l'autorisation de vendre ses cultures alimentaires de cellules souches, et à Singapour uniquement. Au-delà de l'aspect légal, c'est surtout qu'en produire reste une sacrée *pain in the ass* : le liquide utilisé en quantités non-négligeables pour cultiver la barbaque, généralement du sérum fœtal prélevé sur des vaches en abattoir[130], coûtait aux dernières nouvelles un bon millier de dollars le litre. En outre, il existe d'autres obstacles d'ordre, disons, plus idéologique. D'abord, la viande cellulaire pourrait ne pas être si irréprochable que

[128] Au moins une vingtaine de startups bossent sur le concept en Europe, dont une partie est réunie sous l'étendard Cellular Agriculture Europe, mais aucun lancement sur le continent n'a récemment été annoncé et encore moins approuvé.

[129] Anciennement Beyond Eggs, bien connue des vegan pour avoir développé des simili-œufs qui se brouillent à merveille.

[130] Certain·es scientifiques pensent avoir trouvé une parade en utilisant à la place des cellules provenant du cordon ombilical de veaux nouveaux-nés, mais tout ça devient franchement compliqué pour qui n'a pas fait un stage au MIT.

ça, environnementalement parlant. La vérité toute crue, c'est que la technologie en étant toujours à ses balbutiements, on n'a aucune idée de son impact si elle était appliquée à l'échelle industrielle. La plupart des études publiées sur le sujet ont été commandées par des lobbies de la solution de synthèse – ce qui n'en fait pas pour moi des sources très objectives. Les quelques voix officielles ou indépendantes, comme celles qui émanent d'un rapport balèze de l'International Panel of Experts on Sustainable Food Systems (IPES-Food), posent quant à elles des questions auxquelles on ferait mieux de répondre avant qu'il ne soit trop tard : et si on reproduisait les mêmes erreurs que celles commises actuellement avec l'agriculture et l'élevage ? Qu'il s'agisse de steaks « de souche » ou de substituts Impossibles à reproduire artisanalement, les similiviandes sont des produits méga transformés, distribués par des mastodontes de l'agroalimentaire. « Ce sont les mêmes firmes qui dominent les ventes de viande et produits laitiers conventionnels (et donc industriels), soit les produits que les protéines alternatives sont censées remplacer », expose Philip Howard, professeur à l'Université du Michigan spécialisé dans les systèmes alimentaires et l'auteur principal de l'étude d'IPES-Food. Un exemple ? Cargill a investi dans Puris, une boîte qui fournit Beyond Meat en protéine de haricot, et dans deux startups de viande in vitro. Difficile en tant que consommateur·rice, dans cette configuration, de faire des choix engagés ou simplement éclairés, quand ces entreprises bouffent dans l'ombre à littéralement tous les râteliers.

Pour transformer le bœuf en haché, en steak décent puis en plat national, les États-Unis ont toujours compté sur la technologie. Et ses sirènes sont puissantes : elles ont la forme de cuisines étincelantes, de succès mythologiques et de bagnoles vrombissantes. Mais, je le crois de plus en plus, la technologie ne sauvera pas l'environnement. Pire, en voulant répondre aux problématiques de la viande, elle pourrait bien aggraver la situation et renforcer notre dépendance aux énergies fossiles et aux monocultures, nécessaires à la production d'alternatives, contribuer toujours plus à la pollution, créer de nouvelles conditions de travail dangereuses, encourager la malbouffe et alimenter les profits d'entreprises trop puissantes pour être réglos. La food tech, en nous éblouissant de solutions miracles, masque d'ailleurs la complexité du problème et nous empêche de prendre en considération les petits producteur·rices et des idées plus terre à terre. « Il nous faut changer le système, pas le produit », assure le chercheur Philip Howard. Une tâche compliquée pour le burger, qui ne demande rien d'autre que de griller tranquillement sur les barbecues de nos terrasses et jardins. Aux États-Unis, il a déjà été élevé bien malgré lui au rang d'emblème national, symbole de l'*American way*, en incarnant un repas accessible tout le temps et à presque n'importe qui, à emporter d'une main n'importe où, aussi universel que simple. Autant s'en inspirer. La simplicité, c'est peut-être une idée : autant que possible, revenir à des burgers carnés ou végés identifiables comme de la vraie nourriture. Et petit à petit, étendre la philosophie à tout notre système alimentaire.

QU'EST-CE QUI EST ROSE, RINCÉ À L'AMMONIAQUE ET SE PREND POUR DU STEAK HACHÉ ?

Le pink slime ! Une bouillie de viande de bœuf gluante lavée à l'hydroxyde d'ammonium, soit un mélange d'ammoniaque et d'eau. Dans son enquête chez Cargill en 2013, le journaliste gonzo Ted Conover décrit la préparation de ces « bas morceaux de bœuf désossés », désinfectés et hachés menus : « Dans l'une des salles, de grosses machines en acier inoxydable manœuvrées par des techniciens ronronnent et déversent des masses de boulettes roses. On dirait des pommes dauphines à base de viande. » Quelques années plus tôt, le *New York Times* avait alerté l'opinion publique de l'existence de ce sous-produit (et de la non-efficacité de son traitement contre la bactérie E. coli) et, en 2011, le très médiatique chef british Jamie Oliver le dézingue dans un épisode de son émission télé *Food Revolution Show*. Le cuisinier révèle également que McDonald's l'utilise pour ses burgers. Début 2012, l'enseigne annonce ne plus en servir, tout comme Burger King et Taco Bell[131].

[131] Tous avaient déjà cessé d'incorporer du pink slime à leurs patties en 2011, avant même l'émission de Jamie Oliver, donc.

Régulièrement, des posts sur les réseaux sociaux reprennent pourtant l'histoire comme si elle avait eu lieu tout récemment et affirment que le cuisinier a intenté un procès à McDo, qu'il a gagné… Aaah, Internet. En réalité, le véritable lanceur d'alerte de cette histoire est un microbiologiste assigné au service d'inspection alimentaire de l'USDA. C'est lui qui a renommé en 2009 le blob carné « pink slime » et fait circuler un mémo où il s'opposait à sa labellisation en tant que « steak haché », d'autant plus que les entreprises nord-américaines qui en produisent n'étaient pas forcées de mentionner l'utilisation d'hydroxyde d'ammonium dans le processus. Si ces abattoirs de transformation ont toujours contesté la dangerosité du produit (interdit en Europe), comme au début du 20e avec The Jungle, les révélations ont, un moment au moins, dégoûté les États-Unien·nes de la viande de bœuf hachée.

Tous les bagels sont dans la nature

« Tous mes espoirs et mes rêves. Mes anciens bulletins scolaires, chaque race de chien, chaque petite annonce coquine sur Craigslist, le sésame, les graines de pavot, le sel, qui s'effondrent sur eux-mêmes, parce c'est ce qui se passe lorsqu'on met vraiment tout sur un bagel, ça devient ça. La vérité. Rien n'a d'importance[132]. »

(Jobu Tupaki dans *Everything Everywhere All at Once*.)

« Everything bagel, cream cheese, saumon Gaspe Nova, oignons rouges, câpres, œufs de saumon. » Comme souvent au moment de commander aux États-Unis, il y a un cérémonial à respecter. Des codes, un rythme, une attitude : cash, fast, confiant. Pas le temps de niaiser, surtout quand on est dans la queue d'un deli institutionnel[133] comme Russ & Daughters sur East Houston Street, Manhattan. Ça fait plus d'un siècle que le comptoir est là et 89 piges que Joel Russ, un immigré juif polonais, l'a rebaptisé « & Daughters » – le premier *appetizing shop*[134] du genre (féminin) aux États-Unis. Vous venez chez Russ & Daughters et vous récitez votre litanie comme si vous étiez à la synagogue parce qu'à New York, le bagel est une religion. Et quand il est particulièrement réussi comme ici, il se vénère : un pain à la belle pneumatique circulaire, bouilli

[132] Vous n'avez rien compris à cette citation ? Attendez d'avoir vu le film...

[133] De passage dans la Grande Pomme et envie d'un bagel au charme suranné ? Passez donc chez Barney Greengrass ou Zabar's, à Manhattan.

[134] Un *appetizing shop* désigne un comptoir où l'on vient acheter un bagel et tout ce qui l'accompagne traditionnellement. Le terme était surtout employé à New York. Ces boutiques ont progressivement disparu jusque dans les années 2010, où de nouveaux spécimens ont ouvert.

puis cuit jusqu'à l'obtention de cette croûte ferme et élastique caractéristique. Angélique ? Dévot, en tout cas, puisque certaines sources historiques, qui enregistrent ses premières traces à Cracovie vers 1610, soupçonnent qu'il a d'abord été échaudé pour devancer les ablutions et bénédictions censées précéder la consommation de pain, selon les coutumes juives. Puis, quoi de plus hébraïque qu'un sandwich, dont le premier serait à attribuer à un Rabin, Hillel l'ancien, qui contourne alors l'injonction frugale d'honorer la fuite des Israélites d'Égypte avec du pain non levé et des herbes amères, en y fourrant de la viande d'agneau. Notez que ce n'est pas la dernière fois que les Juif·ves vont devoir décamper pour sauver leur peau, alors les voilà, dans les années 1880, à traverser encore une mer pour échapper aux persécutions religieuses et à la pauvreté en Europe de l'Est – direction « l'Amérique ».

Au sortir de la Première Guerre mondiale, on compte 2,5 millions de Juif·ves déplacé·es aux États-Unis. Là-bas, ils se sont inséré·es dans le créneau tracé par les immigré·es Allemand·es et ont ouvert des *delis* (pour *delicatessen*), soit des épiceries où l'on sert initialement poissons fumés et séchés, foies, langues, pickles et pain de seigle. Dans certains coins de New York, comme le Lower East Side, ils sont devenus de véritables institutions – à tel point qu'on reconnaît davantage un quartier juif à sa concentration en bagels qu'en synagogues. En sortant de Russ & Daughters mon pain saumoné à la main, je traverse devant une voiture immatriculée SHALOMRD, la preuve que les choses n'ont pas tellement changé. Pour les enfants de la seconde génération surtout, les delis sont alors une manière de définir leur identité juive de manière plus séculière que leurs parents – les comptoirs ne sont d'ailleurs pas tous cashers. Y entrer pour s'envoyer un bon bagel n'a plus tellement de lien avec la religion, mais bien avec la quête et le renforcement d'une culture floutée au prix de l'intégration. Ashkénazes ou Séfarades, aucune importance dans ces zones « neutres » – des « tiers-lieux », comme les appellent le sociologue Ray Oldenburg, qui les définit comme ces espaces entre le foyer et le travail où s'épanouit la sociabilité et bourgeonne l'engagement. Et avec ses étals bourrés à craquer, ses poissons aux dizaines de versions et ses salaisons pendues en bouquet au plafond, le deli a également tout plaire aux États-Unien·nes – aaah, l'abondance ! Dans les années 60, le romancier Daniel Stern, qui a grandi dans le Lower East Side, écrit que tout ce qui vit à New York « est Juif », comme s'il s'agissait « d'une atmosphère, d'un zeste, d'un mode de vie ». Bref, dans les delis, l'identité juive est… fluide.

Bientôt, il en va de même pour les bagels. Le classique, *plain*, parfois enjaillé de quelques graines de pavot ou de sésame, se fringue de reliefs et de couleurs : graines de tournesol ! Gros sel ! Oignon ! Ail ! Jusqu'au Super Saiyan du genre, l'évolution ultime, le *everything bagel* sur lequel s'unissent tous les ingrédients précités. Pour y parvenir, il faut que les Juif·ves américain·es, après la Seconde Guerre mondiale, se soient tant éloigné·es de leurs coutumes et de leur folklore que les boulangeries et delis tradis sont devenus des espèces en voie de disparition. Et en toute logique, c'est le quartier le plus pailleté de New York qui les remet sous le feu des projos. En 1951, Broadway fait monter à l'affiche *Bagels and Yox*, une comédie musicale forcément ponctuée du mot « bagel », et subitement, tous les magazines du pays l'ont à la bouche. Le petit pain plus si orthodoxe est « américanisé », inclusivement bâtardisé, pour mieux être plongé dans le grand *melting pot* local, qui n'en finit plus de se remplir.

Dérivé du latin *delicatus*, « delicatessen » signifie « délicat », mais aussi « charmant », « séduisant », « voluptueux ». Ted Merwin, chercheur, professeur et auteur de *Pastrami on Rye*, explique que les Romains utilisaient le terme pour faire référence à l'attirance sexuelle, comme dans *puer delicatus*, où le « délicieux » est le jeune homme qui suscite l'attention d'un autre. Je ne sais honnêtement pas s'il faut chercher un lien entre les deux, mais toujours est-il que BAGELS est le nom que s'était donné, en 1993, un groupe d'Harvard constitué d'étudiant·es juif·ves lesbiennes, gays, bi, trans et queer. Et cuisine, homosexualité et juiveté vont effectivement se rencontrer plus d'une fois sur le même terrain – plutôt mouvant, vous vous en doutez. Il y a par exemple cette histoire, que j'aime particulièrement. À la fin des années 70 à San Francisco, une petite clique de gastropotes, dont tous les membres sont Juifs et queer par ailleurs, se retrouve régulièrement autour d'une table. La religion n'est pas le sujet principal de leurs discussions, mais on en parle peut-être un peu plus quand on fait passer la challah ou le plat de foies. Un vendredi de 1978, l'actualité veut que leur Shabbat se transforme en commémoration d'Harvey Milk, élu gay et très engagé pour la cause des personnes LGBTQIA+, tout juste assassiné par un autre politicien de la ville. C'est la communion, la vraie, autour de l'un des leurs désormais disparu. Après cet événement, le groupe prend un tournant et devient en 1981 la Congrégation Sha'ar Zahav, le troisième rassemblement homosexuel intégré au mouvement réformiste. Les années qui suivent, il gagne autant d'adeptes qu'il n'en perd : l'épidémie de VIH fait rage et la communauté est décimée. Mais les ami·es de Sha'ar Zahav s'accrochent à la nappe. Ils vont bruncher avec les malades les dimanches et les approvisionnent les autres jours en petits plats, eux et leurs familles qui découvrent, au pied du lit et du mur, que leurs enfants n'en ont plus pour longtemps. Moi qui n'ai deviné qu'en 2017, à l'occasion de la sortie du film *120 battements par minute*[135], l'homosexualité de mon oncle mort du SIDA, j'ai beaucoup de questions sur les dernières années et mois de sa vie. Je me demande si lui aussi faisait partie d'un groupe, s'ils se retrouvaient pour dîner et si, de cette manière, ils s'aimaient « dans la santé comme la maladie ».

En 1987, Sha'ar Zahav fête ses dix ans. La même année, le Département de la Santé des États-Unis déclare que le VIH est une menace nationale. La congrégation veut continuer à faire sa part et publie *Out of Our Kitchen Closets: San Francisco Gay Jewish Cooking*, un livre qui fait office d'histoire écrite de la communauté, d'hommage à ceux et celles déjà parti·es et de menu pour les petits et grands évènements de la vie des LGBTQIA+. Avec, à l'intérieur, des entrées telles que « Cocktail party de coming-out pour 25 personnes », « Buffet de pré-

[135] *120 battements par minute* est une fiction de Robin Campillo, sortie en 2017, dont l'histoire s'ancre dans les combats d'Act Up Paris, une asso militante de lutte contre le sida.

parade de la Pride », ou encore « Déjeuner sur l'herbe pour cérémonies d'engagement ». Afin de remplir ce livre de recettes familiales et traditionnelles juives, les membres de Sha'ar Zahav renouent parfois avec des parents avec qui ils avaient coupé les ponts. Pour chaque bouquin vendu, trois dollars sont reversés à la banque alimentaire et à la Fondation de San Francisco pour les malades du SIDA, et la congrégation finit par accumuler 13 000 dollars – l'équivalent de 51 000 dollars actuels. Aujourd'hui, les quelques exemplaires qui circulent encore constituent un document historique et unique sur les liens entre communauté queer, activisme, cuisine et religion. Et ces connexions sont loin d'avoir disparu. Parce que la bouffe rassemble, et parce que les personnes LGBTQ ont probablement entendu assez de remarques aux relents homophobes de la part d'oncles attablés pour Shabbat, ils et elles organisent leurs propres buffets. À tel point qu'on y parle de « queer food », un terme qui a accompagné, à partir des années 60, l'émergence d'une autre culture de la table – plus engagée, collective, inclusive. Traversant crises économiques, sanitaire et écologique, la génération actuelle se réapproprie ainsi la tradition des *potluck dinners*[136], traditionnellement tenus au cul d'une église, d'un temple ou d'une mosquée, mais qui peuvent tout aussi bien avoir lieu dans un garage ou une microscopique salle à manger new-yorkaise – comme celle de Liz Alpern, la cheffe juive lesbienne derrière le resto ashkénaze Gefilteria et les Queer Soup Nights.

[136] En français, on dit plutôt « se faire une auberge espagnole ».

Et on y voit se produire le même phénomène que dans d'autres communautés immigrées : la cuisine juive a été tant et si bien assimilée par la société états-unienne, adaptée, industrialisée, mais aussi figée, que ses jeunes représentant·es se sentent aujourd'hui investi·es de la mission de l'épousseter et la remettre sur le devant de leur scène – si ce n'est pas eux, qui d'autre ? « *Yeah*, il y a définitivement une nouvelle génération qui prend sa place et change les choses. Et pas seulement ici, dans tout le pays, avec toutes les cuisines », me confirme Jeremy Salamon. Nous sommes assis au comptoir en terrazzo de son restaurant Agi's Counter, qu'il a ouvert quelques mois plus tôt avec l'aide de son compagnon Michael Herman. Avant qu'il ne vienne s'asseoir à ma droite, je l'ai observé, calme et concentré, par le hublot de son petit réduit d'où sortent des crackers à la mousse de foie et des légumes en pickles, des assiettes de mac and cheese aux spatzles et à l'aneth, et même un BLT à la graisse de porc fumé, malgré les influences austro-hongroises juives de son menu. Originaire de Floride, il s'apprête à fêter dans ce quartier de Brooklyn ses 28 ans, et il y a davantage de douceur qui émane de lui que de tous les chefs que j'ai pu rencontrer. Quelques semaines avant notre conversation, Jeremy Salamon a confié au média *Eater* les agressions verbales et physiques, parfois homophobes, qu'il avait expérimentées dans ses précédents boulots de cuisinier. Quand il a repris les clefs de MeMe's Diner, une cantine de Prospect Heights aux proprios queer, le jeune chef savait qu'il tenait là l'opportunité de faire les choses à sa manière : « J'ai l'impression que cette ancienne génération, et plus spécifiquement leur façon de gérer les cuisines et les restaurants, est en train d'être remplacée par une autre, plus jeune, qui prend le contrôle. C'est excitant de faire partie de ça », m'expose-t-il, enthousiaste. Jeremy Salamon m'explique que « de nombreux chefs gays et queer qui s'avèrent être aussi Juifs ouvrent un tas d'endroits en ce moment. Je ne sais pas comment l'expliquer, mais oui, il y a une sorte de synergie au sein de la communauté LGBTQ qui porte tout ça. » Son restaurant a bénéficié de ce soutien, notamment de la part du fondateur du magazine indé spécialisé *Jarry* et de la Queer Food Foundation. Avant d'ouvrir Agi's, au-delà de quelques bagels, Salamon avait le sentiment qu'il n'existait plus dans la ville de cuisine d'Europe de l'Est moderne et accessible, « ce qui est ironique, au vu du nombre de personnes dont les racines vont puiser dans cette culture. Je crois que nous, les petits-enfants, on est un peu nostalgiques de ces choses, de ces plats, qu'on veut éclairer d'une lumière nouvelle. J'adore les *diners*. Je veux dire, un vrai *diner* américain, c'est vraiment ce que je préfère. Ce que j'avais envie de recréer, donc, c'est un *diner* américain, mais avec une cuisine d'Europe de l'Est. » Plusieurs fois au cours de notre rencontre, Jeremy Salamon me parle de nostalgie. Et peut-être, un moment, ai-je du mal à comprendre pourquoi un jeune homme comme lui serait nostalgique d'une époque qui ne l'aurait probablement pas accepté tel qu'il est. « Je crois que ça a un rapport avec mon enfance. Quand j'étais petit, avec ma famille, on a perdu notre maison. On a ensuite beaucoup bougé, à droite, à gauche. Ce qui n'a jamais changé, c'est la maison de ma grand-mère. C'était là qu'on se réunissait, c'était notre centre de gravité, qu'importe où on en était dans nos vies. Et je crois que recréer quelque chose comme ça, c'est très réconfortant pour moi. À bien des égards, Agi's n'est pas seulement mon restaurant, c'est ma maison. » Et là, je comprends. Bien sûr, qu'un restaurant est une maison. Pas un temple où vénérer quelqu'un, même si on y ramène ses croyances – une maison. Un foyer où l'on est aimé, qui et quoi qu'on soit.

CHAPEAUX NYLON ET BOTTES DE QUEER

Dès les sixties, la scène culinaire états-unienne voit pousser, d'un côté, des restaurants gays, et de l'autre, des tables féministes et lesbiennes. À Marion's, entre Chinatown et Little Italy, on sert les assiettes martini à la main et clope au bec, et personne n'y trouve rien à redire – de toute façon, on n'entendrait pas les commentaires, la musique est trop forte. Dans un article publié dans le magazine gastroqueer Jarry, le journaliste Michael Albo décrit : « Un restaurant gay n'est pas raisonnable. Il n'est pas subtil. Un restaurant gay, c'est votre oncle pédé en blazer fluo qui chante "All That Jazz" avec un piano. C'est votre pote qui porte un patte d'eph' en jean Diesel et trop d'eau de cologne, et vire drama queen quand il est bourré. C'est votre meilleure copine qui l'est encore plus et gueule "All That Jazz" par-dessus la voix de votre oncle, puis se dispute avec votre pote drama queen devant le piano.

→

En gros, être un restaurant gay, c'est être un peu jeté. Un restaurant gay, c'est l'ivresse et l'imperfection, avec un petit côté démodé. » À la même époque dans les bistroquets lesbiens, on vient écouter de la poésie, de la musique, une lecture d'essai autour d'une soupe, d'un plat végé ou d'un simple café. On joue aux échecs, on fume, on débat. On s'engueule et on se réconcilie. On s'organise. On milite. C'est pour tout ça qu'on va chez Mother Courage à Greenwich Village, à Little Frida's Lesbian Café à West Hollywood, à Bloodroot du côté de Bridgeport, Connecticut. À propos de ces espaces à manger engagés qui émergent en pleine deuxième vague féministe, la journaliste, autrice et traductrice Nora Bouazzouni, écrit dans le Fooding : « À l'intersection d'enjeux idéologiques, sociologiques, économiques et hiérarchiques, les restos et cafés militants des années 70 et 80 se distinguaient aussi par une réappropriation de la cuisine comme espace d'empouvoirement : une activité politique et nourricière, sans injonctions patriarcales ni violences misogynes. Des plats préparés par des femmes, pour des femmes, qui nourrissent le corps et l'esprit – qui restaurent, littéralement, c'est-à-dire "remettent en état", avant de battre le pavé, d'écrire ou de retourner au boulot. »

Et même si décrire ces lieux de cette manière, c'est certainement classer en deux catégories trop hermétiques les restaurants lesbiens et gays, la scène LGBTQ n'est pas exempte de clichés du genre. Elle a, aujourd'hui, au moins en partie changé. Plus (ouvertement) fluides, les identités et les sexualités acceptent moins d'être rangées dans des cases, et il en va de même pour les cuisinier·ères, leurs assiettes et les mangeur·ses qui s'installent devant elles. À l'été 2022, le resto HAGS à East Village faisait particulièrement parler de lui. Pas à cause de son menu vegan à 145 dollars (tout de même), mais parce que ses boss Telly Justice et Camille Lindsley le définissent comme *queer*. Ça va avec les quilles nature de vigneron·nes s'identifiant comme tel·les, mais aussi les « potions » non-alcoolisées, l'accessibilité du lieu aux personnes à mobilité réduite, les toilettes dégenrées, et leur miroir déformant comme « référence "campy" à l'expérience trans de la dysmorphie ». « La clientèle des restos a envie de cuisines et de perspectives qui émanent de gens qui ont longtemps été planqués sous le tapis », expose la cheffe Telly Justice. D'ailleurs, « les personnes queer ont toujours représenté une part significative de cette industrie ». Il aura fallu le temps, mais désormais, n'importe qui peut s'en apercevoir.

« Oh, j'adore un bon hot-dog. Je ne m'en lasse pas. Comme les gens qui aiment le jogging ne se lassent pas de courir, j'aime manger, tout simplement. »

(Joey Chestnut, quinze fois champion du concours mondial du plus grand mangeur de hot-dogs.)

Les premières notes de piano retentissent alors qu'une Chevrolet jaune entre dans le champ de la caméra, immédiatement poursuivie par trois enfants et un chien. Quelques plans plus loin, deux équipes de baseball intergénérationnelles s'affrontent sur un terrain poussiéreux, tandis que dans les gradins, un vendeur de hot-dogs ambulant balance la sauce pour une bande de gamins déchaînés. Après les images de pâte et de rouleau à tarte, le refrain retentit enfin : « *Baseball, hot dogs, apple pie and Chevrolet / They go together, in the good old USA / Hey, Hey / Baseball, hot dogs, apple pie and Chevrolet!* » En 1975, les 58 secondes de cette publicité pour Chevy encapsulent tout ce à quoi pourrait alors aspirer un·e États-Unien·ne : une voiture familiale et des marmots à promener dedans (ou à faire courir derrière), les pâtisseries mitonnées par mamie, un shot d'adrénaline devant le match du dimanche, et une bonne vieille *wiener*[137] dans un bun brioché. Et si grand-maman peut effectivement monter à l'avant d'une Chevrolet, le baseball et le hot-dog forment le vrai *couple goal* de ce jingle qui reste un peu trop en tête. Le sport et le plat se tournent autour depuis

[137] La wiener et la frankfurter sont des types de saucisses allemandes, mais aux États-Unis, les termes sont parfois utilisés comme synonyme de hot-dog.

que les supporters du jeu de batte ont découvert que sans couverts, ils pouvaient tenir leur pain-saucisse d'une main, et espérer rattraper une balle perdue de l'autre. Mais avant cette fulgurance, il a fallu un bon coup de froid et un autre de génie pour qu'apparaisse au menu de tous les stades nord-américains le fameux chien chaud.

Une histoire ? Allez, une histoire. On est quelque part dans les années 1890 au New York Polo Grounds, un complexe disparu de trois terrains sportifs au nord de Central Park. Parce que la date est floue, on ne sait pas si ce sont les Metropolitans ou les Giants qui jouent à domicile, mais une chose est sûre : il fait un froid de canard. Harry Stevens, un jeune entrepreneur venu d'Angleterre, y a obtenu une petite concession pour vendre ses cacahuètes, sauf que ce jour-là, le public ne sortirait les mains de ses poches pour rien au monde. Stevens se rappelle alors de chapelets de saucisses allemandes qu'il a vu prendre dans la vitrine d'un boucher voisin, « celles qui ressemblent à un teckel » ; il envoie un *lad* en chercher une douzaine et un autre acheter des petits pains chez le boulanger. Dans le *club house* du stade, il fait chauffer une grande casserole d'eau, y plonge les saucisses et tranche les buns dans la longueur, avant de briefer ses gars : « Les gens sont gelés », leur dit-il. « Sortez et criez "*Red hots! Red hots*[138]*!*" Si vous faites assez de bruit, on vous les achètera. » Son plan fonctionne encore mieux qu'il n'aurait osé l'imaginer : les pains chauds font un tabac. L'invention opportuniste est immortalisée par le caricaturiste Tad Dorgan,

138 « Chauds bouillants ! Chauds bouillants ! »

qui l'illustre par un teckel allongé dans un bun, qu'il rebaptise « *hot dog* ». Forcément, au match suivant, Harry Stevens remet ça, et *the rest is history*. Sauf qu'une fois n'est pas coutume, je vous ai promis une histoire, pas l'Histoire. En l'occurrence, celle-ci est au moins en partie fausse : le caricaturiste n'était pas au match. À vrai dire, il n'était même pas en ville, mais un fameux dessin de 1906 incluant le sandwich[139] a pu contribuer à bâtir la légende[140]. Sans autre document, impossible d'attester de la véracité de cette genèse. Mais Netflix en soit témoin, l'industrie du sport aime les bonnes histoires – alors imaginez les bons hot-dogs.

À partir de la fin du 19e, les foules accourent à la simple mention du combo pain et saucisse. Si je dis « foule », ce n'est pas tant par esprit d'emphase que parce que le hot-dog est l'un des premiers plats carnés ultra-industrialisé, méga-calibré et mass-marketé des États-Unis, idéal pour les lieux grands formats et populaires comme les foires et les parcs d'attraction – sans oublier les rues, bien sûr. Depuis les années 1840, les immigré·es allemand·es cuisinent des saucisses sur les avenues états-uniennes, cherchant dans ces *biergartens* à même le bitume le goût de chez eux. Mais c'est véritablement dans les stades de baseball (les *ballparks*[141]), que les Nord-Américain·es déclarent leur flamme à la street food saucissonnante, ainsi qu'à

[139] Un conseil, n'entrez jamais dans le débat de savoir si un hot-dog est ou non un sandwich avec un·e États-Unien·ne... Mais on ne m'enlèvera pas de la tête que du pain + une protéine - des couverts = un sandwich. CQFD.

[140] Une autre genèse un poil plus mascu raconte que les étudiants de Yale et de Princeton surnommaient leurs meilleures athlètes « les hot-dogs ».

[141] Ball Park Franks (pour *frankfurters*) est d'ailleurs le nom d'une marque de saucisses pour hot-dogs.

la seule sauce autorisée à l'accompagner passé huit ans[142] : la moutarde. L'iconique marque de *yellow mustard* French's a ainsi pour logo le fanion emblématique du sport et possède sa propre collection de cartes à l'effigie des joueurs, tandis que la mascotte de la team des Chicago Dogs est un tube de moutarde duveteux. Le National Hot Dog and Sausage Council parie qu'en 2022, ce seront 19,1 millions de pains-saucisse qui auront été dévorés durant la saison. Et pour que personne ne se lasse, chaque stade y va de sa petite édition limitée : les Baltimore Orioles avec une version « Crab Mac-N-cheese Hot Dog » au mac and cheese et crabe comme son nom l'indique (intriguant) ; les Boston Red Sox avec un « Jalapeño Cheetos Hot Dog » empilant saucisse de bœuf, cheetos écrasés, bacon, jalapeños et oignons rouges (aventureux) ; les Oakland Athletics et leur « Oaktown Dog » chili/cheese/oignons (déjà un classique) ; les Texas Rangers au top de leur game avec ce « Cornbread Chili Pie Dog », soit un pain de maïs garni de saucisse de bœuf angus, chili, cheddar râpé et jalapeños slicés (j'en prendrai deux) ; ou encore les Houston Astros et leur « La Piña Dog » associant piments caramélisés à la sauce teriyaki et ananas fumé – ça, c'est un non[143].

Si les stades de baseball déclenchent une réaction quasi pavlovienne pour les chiens chauds, il est un autre lieu qui sera toujours associé au fumet de la *wiener* : Coney Island. Péninsule

---

[142] Le commandement vient de l'ancien président Barack Obama lui-même, qui a un jour déclaré : « Personne passé huit ans ne devrait mettre de ketchup sur son hot-dog » – une opinion partagée par de nombreux puristes.

[143] Ceci dit, aucune de ces créations ne battra le génie de ce supporter qui, durant un match entre les New York Yankees et les New York Mets en 2022, plongea dans sa bière une saucisse percée sur toute sa longueur pour l'utiliser comme paille.

brooklynienne et ancienne île de *freak shows*, décor de film grandeur nature chanté par Lou Reed comme Taylor Swift, sa longue promenade est quasi désertée l'hiver et pleine à craquer le 4 juillet. En cause ? Le concours mondial des plus grand·es mangeur·ses de hot-dogs organisé par la mythique enseigne Nathan's Famous[144], qui rameute chaque année entre 35 000 et 50 000 personnes, et est diffusé par la chaîne télé sportive ESPN. Mieux, c'est la raison pour laquelle la fête nationale, le fameux *4th of July*, est aujourd'hui intimement liée au hot-dog. D'autant que Nathan's a longtemps laissé se propager une autre histoire très états-unienne : celle de quatre immigrés se défiant d'engloutir le plus de *frankfurters* pour mesurer leur nouveau patriotisme – un coup de pub aux couleurs de la bannière étoilée, ça fonctionne toujours. C'est l'Irlandais qui aurait gagné, avec 13 pains saucisse ingurgités, bien loin de la meilleure performance du champion toutes catégories[145] Joey Chestnut : 76 hot-dogs en dix minutes. Un véritable *home run*.

[144] La chaîne existe depuis 1916 et son premier stand était alors déjà à Coney Island. À sa grande époque, Nathan's Famous vendait 50 000 hot-dogs par jour.

[145] Il détient 55 records dans 55 catégories différentes : 121 Twinkies en six minutes, 112 tamales en douze minutes, 30 gyros en dix minutes et 55 donuts de l'armée du salut en huit minutes.

TOUT EST UNE QUESTION DE TECHNIQUE

J'aurais bien du mal à vous recommander de suivre l'exemple de Joey Chestnut ou Miki Sudo, la détentrice du record féminin[146] du nombre de hot-dogs engloutis en compétition : 48,5 pains-saucisse. Le défi, en plus d'être un fameux gâchis, me répugne un peu, pour tout dire. Qui plus est, au moins sept personnes sont mortes étouffées lors de ces concours. Mais pour l'amour de la science et en hommage aux fabuleuses capacités du corps humain, voici tout de même la technique de Miki Sudo : « Mes meilleures performances, c'est quand je prends deux saucisses, et que je croque, croque, croque, que je les tranche presque, et puis que j'avale. [...] C'est très rythmique, très mécanique. En parallèle, je prends un bun et je le trempe, je le plonge entièrement dans ma boisson habituelle fraise-orange-banane. Je le déchire en deux. →

[146] Le concours a créé une catégorie spéciale pour les femmes en 2011.

Je roule chaque moitié du petit pain, je le mets dans ma bouche et j'avale. Puis je repars sur la viande. J'ai imaginé cette technique pour n'avoir rien à mâcher, car plus on mâche, plus on active ses glandes salivaires, et plus on sent le goût qui va finir par nous dégoûter. » Tenté·e par la performance ? Sachez que selon l'étude très sérieuse d'un vétérinaire professeur à la High Point University de Caroline du Nord, un être humain serait capable d'avaler jusqu'à 83 hot-dogs en 10 minutes. C'est plus qu'un grizzly ou un coyote, mais moins qu'un loup gris. Sur les 39 ans de données analysées, les meilleures performances humaines sont en augmentation de 700 %. « Aucun autre sport n'égale cette croissance, même sur 100 ans », assure le Dr. James Smoliga.

Aussi simple que PBJ

« The Edible Schoolyard Project m'a donné la force et le pouvoir de dire, avec toute ma conviction, que les enfants aiment manger ce qu'ils font pousser, qu'ils aiment avoir classe dans le potager, et que quand ils finissent par être diplômés, ils sont tous des environnementalistes qui savent cuisiner. »

(Alice Waters, 2022.)

« Et sur votre droite, la célèbre *Horseshoe curve* ! » annonce fièrement le contrôleur du train, projetant les voyageur·ses, y compris moi, contre leur fenêtre rectangulaire. Tou·tes admirent le bassin couleur lagon au pied de la pente que dévalent des milliers d'arbres, comme un tapis de bain froufroutant. Mais la véritable attraction, c'est nous : la voie ferrée en forme de fer à cheval qui surplombe l'Allegheny Front, à huit kilomètres d'Altoona en Pennsylvanie, et sur laquelle notre train serpente, est classée monument historique national. Cet étourdissant panorama à 220 degrés sur le bas-ventre de la vallée, c'est une image d'Épinal de la même trempe qu'un canyon rougeaud ou un interminable gratte-ciel. Mais c'est surtout le lieu de mon premier *peanut butter jelly sandwich*. En toute honnêteté, je doute y avoir goûté sur cette exacte courbe, mais il reste associé à ce voyage en train entre New York et Pittsburgh où mon amie Anna, rencontrée quelques années plus tôt dans un bled paumé de Belgique mais originaire du New Jersey, m'avait tendu en guise de déjeuner un sandwich au beurre de cacahuète et confiture un peu détrempé[147]. J'apprendrai plus tard que le secret pour l'éviter est de tartiner de *peanut butter* les deux tranches de pain se faisant face, et d'ajouter la *jelly* au milieu. Sur le moment, je tente autant que possible de ne pas faire la moue – d'accord, on est fauchées, mais on aurait pu troquer le goûter d'écolier pour un « vrai » sandwich. Anna, de son côté, s'extasie d'assister à cette première fois. Je mords dans le 'dwich et le pain de mie industriel se colle à mon palais, laissant à ma langue le soin de démêler la crème grasse et légèrement salée de la gelée acidulée. Je mâche en regardant le paysage défiler à toute allure derrière la vitre, bien forcée de me rendre à l'évidence : c'est tout bonnement délicieux, incroyablement doux, génialement régressif. « Tu ne peux pas savoir combien de sandwichs du genre j'ai mangés petite », commente Anna sur l'autre siège, manifestement ravie.

Mon amie aux yeux verts et taches de rousseur n'est pas différente des autres enfants états-unien·nes, qui ont pour la plupart englouti leur poids en *peanut butter and jelly sandwiches* – PB&J pour les intimes. À l'heure où je m'enfilais des tartines jambon-fromage-ketchup au réfectoire[148], les petit·es Nord-Américain·es avaient (et ont toujours) régulièrement un pain beurre de cacahuète et gelée sucrée au menu du déjeuner ou du goûter ; et comme les délicieuses habitudes ont

[147] J'apprendrai plus tard que le secret pour l'éviter est de tartiner de *peanut butter* les deux tranches de pain se faisant face, et d'ajouter la *jelly* au milieu.

[148] En Belgique, la cantine s'appelle le « repas chaud » pour le distinguer du « repas tartines », préparé par les parents et que la majorité des enfants mangent en guise de déjeuner. Promis, ce n'est pas le bagne – certainement moins que le céleri-rémoulade des selfs français, en tout cas.

la vie dure et le plaisir moelleux, continuent de s'en préparer une fois l'âge tendre passé. C'est que ce pays adore le pain de mie, la *jelly*, et plus que tout les cacahuètes, qui y poussent en bottes touffues depuis la nuit des temps ou presque. Les archéologues en ont retrouvé les premières traces chez les anciens indiens d'Amérique du Sud[149]. La théorie la plus probable, c'est qu'elles ont ensuite été fourrées dans leurs sacs par les « explorateur·rices » européen·nes, puis introduites en Afrique pendant le commerce d'esclaves, et enfin rapatriées en Amérique du Nord par ces dernier·ères, qui se sont mi·ses à les cultiver dans les jardins des plantations. Malgré ces pénibles voyages, les cacahuètes seraient donc un pur produit américain, ce qui fait que comme le maïs[150], elles n'ont pas toujours été au goût des États-Unien·nes. D'accord, les gamins en grignotent parfois à Noël et dans les foires, mais puisque c'est une « nourriture d'esclaves[151] » et plus généralement de pauvres, elles sont d'abord largement méprisées par les bourgeois. Et puis la Guerre civile déboule, et en un siècle, la *peanut* est adoptée par tou·tes : les blancs du Sud découvrent qu'il s'agit d'un aliment ultra-nutritif et épargné du blocage commercial par le Nord en prime, tandis que les soldats unionistes, au fur et à mesure de leur avancée, empochent des cacahuètes qu'ils finiront par ramener chez eux. L'histoire du *peanut butter* commence un peu plus tard, à la fin du 19e, pour incarner ce

[149] Contrairement aux noix, qui sont des fruits, les cacahuètes sont des légumes et poussent sous terre.

[150] (Re)lisez donc le chapitre sur le taco.

[151] On a peu d'informations sur la manière dont elles étaient alors consommées – certainement comme snack ou en soupe.

que notre époque capitalisto-hygiéniste aime qualifier de *super food* : un aliment fondamentalement sain, avec lequel il est possible d'amasser bien plus d'argent que ce que gagnaient celles et ceux qui le cultivaient originellement. À cette époque-là, le docteur John Harvey Kellogg, un toubib adventiste et végétarien[152], dirige avec son épouse Ella et son frère Will un sanatorium prisé par la haute à Battle Creek, Michigan. Dans ce spa select', on vient entre autres pour se payer une cure de « beurre de noix » développé par le docteur. Bien sûr, des Amérindien·nes, des Africain·es ou leurs descendant·es emmené·es de force aux États-Unis ont sûrement pensé avant lui à écraser des cacahuètes jusqu'à obtenir une pâte crémeuse, mais le Doc est le premier, en 1895, à l'avoir associée à un brevet, ce qui en fait officiellement son inventeur – comme du granola ou des cornflakes. Kellogg est surtout un excellent promoteur du *peanut butter*, dont il diffuse les bénéfices pour la santé via les riches client·es de son sanatorium et dans des conférences à travers le pays[153]. L'une de ses estrades est alors le Tuskegee Institute d'Alabama, dont George Washington Carver est le responsable du département d'agriculture. Malgré ses prénoms et sa fonction, le bonhomme n'a aucun lien avec le président : c'est le fils d'une esclave enlevée par des receleurs à ses propriétaires, lesquels ont fini par retrouver le garçon, l'ont racheté, adopté et lui ont proposé une éducation. Le bonhomme grimpe l'échelle sociale et académique et devient l'un·e des dirigeant·es de cette université historiquement noire. C'est là-

[152] Je parle de ce même Doc Kellogg dans le chapitre sur le burger.

[153] On en retrouve notamment dans tous les livres de recettes végétariennes à partir de 1899.

bas que le botaniste commence à s'intéresser à la cacahuète et publie un bulletin dans lequel il liste 105 façons de préparer le légume « dans l'espoir que les urbains trouvent le régime non seulement nourrissant, rassasiant, sain et appétissant, mais aussi très économique[154] ». S'il est moins vendeur dans l'âme que Kellogg, le chercheur développe tout de même des tas de produits à partir de cacahuètes (parmi lesquels du beurre, forcément), popularise sa culture auprès des paysan·nes[155] et sa confection artisanale par les ménages états-uniens[156].

Mais pendant la première partie du 20e siècle, le *peanut butter* reste essentiellement une délicatesse élitiste, qu'on retrouve dans de très précieux *tea sandwiches* triangulaires servis dans des maisons guindées et bécotés du bout des doigts. Ce n'est qu'une fois son marché aussi saturé que ses graisses, son prix raboté et sa formule artificiellement sucrée que le beurre de cacahuète finit par dégouliner vers les classes plus populaires. Avec elles et la Grande Dépression, la riche pâte devient industrielle[157]. Un businessman californien, Joseph L. Rosefield, invente un procédé qui empêche l'huile[158] de se

154 Comme le Docteur Kellogg, George Washington Carver a imaginé du simili-poulet et des patties de cacahuètes pour remplacer la viande – j'en parle plus longuement dans le chapitre sur le burger.

155 Les cacahuètes ont un bon rendement, demandent moins d'eau que la plupart des autres noix et nourrissent les sols.

156 Il est devenu, au passage, un véritable modèle toujours cité dans les histoires pour enfants et livres scolaires.

157 En 1971, la Food and Drug Administration établit que pour être considérée comme du *peanut butter*, la préparation doit contenir au moins 90 % de cacahuètes.

158 L'huile est « hydrogénée ». Aujourd'hui, 80 % des beurres de cacahuètes vendus dans le commerce utilisent ce procédé, alors que les États-Unien·nes semblent être devenu·es allergiques au fait de devoir mélanger eux-même leur

séparer du reste du produit afin qu'il soit toujours onctueux et prêt-à-grailler, et le baptise Skippy – faites donc un tour dans un supermarché local et vous y trouverez forcément ses versions *creamy et chunky*[159], aux côtés des marques Peter Pan et Jif. Débarrassés de la plaie de devoir mélanger leur beurre à la main chaque matin, les États-Unis tombent définitivement en amour avec le *peanut butter*, à tel point qu'aujourd'hui, huit maisons sur dix en planquent un pot dans leurs placards. Ah ils l'aiment, leur beurre de cacahuètes, entre deux tranches de pain de mie blanc[160] badigeonnées de confiture, mais pas seulement : les livres de recettes du siècle dernier proposent d'associer du *peanut butter* à de la crème de marshmallow[161], des raisins ou des prunes (d'accord), des tomates ou des olives (pourquoi pas), voire carrément de la mayonnaise[162], du bacon et des cornichons (oui mais non). Le sandwich « Elvis », baptisé en l'honneur du gourmand chanteur du même nom, combine quant à lui pain grillé, *peanut butter*, banane écrasée[163] et bacon. Reste que depuis 1901 au moins, date de la première apparition (et possible invention[164]) du PB&J dans un iconique

---

pâte, une tâche réservée aux seul·es amateur·rices de peanut butter « naturel » se fournissant chez Whole Foods et consorts.

[159] Crémeux ou avec morceaux.

[160] Le PB&J doit aussi son succès auprès des jeunes à l'invention du pain tranché et emballé par un certain Gustav Papendick, pas cher et totalement safe pour les enfants qui ne devaient plus manipuler de couteau pour se préparer un casse-croûte.

[161] On appelle cette version un « Fluffernutter ».

[162] Best Foods, le fabriquant de la mayo Hellman, est devenu propriétaire de Skippy dans les années 50, et proposait cette combinaison audacieuse.

[163] Le combo *peanut butter* et banane s'appelle un PB&B.

[164] On l'attribue à Julia Davis Chandler.

magazine de bouffe[165], la simple combinaison de pain, beurre de cacahuètes et gelée de fruits est le casse-dalle préféré des jeunes États-Unien·nes. Mais quelque part dans les années 20 peut-être, quand les entreprises ont commencé à pousser du *peanut butter* au menu des cantines, les choses ont dérapé.

À la base une bombe de fibres, vitamines et minéraux, le *peanut butter* a muté en blob ultra-saccharosé et transformé au contact de l'industrie, sans que personne ou presque n'y trouve rien à redire. « À mes yeux, ces bocaux sont représentatifs de la culture culinaire américaine : il s'agit de faire confiance à une marque, de faire confiance à la nostalgie, de faire confiance à des ingrédients qu'importe si on sait ce qu'ils sont, de quoi ils sont dérivés et d'où ils viennent », analyse la journaliste food anti-capitaliste Alicia Kennedy à propos du beurre de cacahuète moderne sucré et huile-de-palmé. Notez, la même chose s'est produite avec les cornflakes de la Kellogg Company, qu'on retrouve cette fois dans neuf foyers états-uniens sur dix : d'un produit en odeur de sainteté chez les nutritionnistes, les céréales du petit-déjeuner sont devenus l'une des principales raisons de l'excès de glucides dans le régime nord-américain, en particulier chez les enfants. C'est que les marques et leur storytelling sucré savent y faire avec les gamins. La marque de beurres de noix Peter Pan n'a connu la fame qu'en se rebaptisant du nom du personnage de Sir James Matthew Barrie, une boîte de Kellogg's procure plus de fun que n'importe quel cours de techno, et

165 Le fameux *Boston Cooking-School Magazine of Culinary Science and Domestic Economics*, qui a ensuite été plus simplement renommé *American Cookery*.

depuis des dizaines d'années, c'est un clown qui est le porte-parole officiel de l'un des plus fameux fast-foods de l'histoire. À ce propos, 96 % des petit·es États-Unien·nes reconnaissent Ronald McDonald quand on le leur met sous les yeux – le même pourcentage que pour le Père Noël. Je mentirais si je disais que tout ça n'a aucune conséquence sur l'image que ces enfants se font d'une bonne alimentation, de la nourriture tout court en fait. Je vous épargne les statistiques sur l'obésité infantile, parce que j'estime que l'IMC est un indice douteux[166] et qu'il existe bien d'autres critères que la malbouffe pour expliquer le surpoids, mais tout ceci a forcément un impact sur leur santé. Heureusement, dans un restaurant de Berkeley, Californie, une cheffe travaille depuis 25 ans à ce qu'un déjeuner ne ressemble pas tous les jours à un PB&J. Laissez-moi donc un poil digresser de son côté.

Sur la photo, une Alice Waters de 24 ans fixe l'appareil, le visage encadré par ses cheveux relâchés et deux amis. La jeune femme originaire du New Jersey est alors professeure-assistante dans une école et vient de terminer son cursus en *French cultural studies* à l'Université de Berkeley, études qui l'ont amenée à visiter la France. C'est un euphémisme de dire qu'elle est tombée amoureuse du pays et de sa cuisine, notamment provençale. Non, Alice Waters vit une véritable *passion* avec la gastronomie française, qu'elle nourrit depuis son retour à travers des dîners pour ses ami·es engagé·es en faveur de la Liberté d'Expression[167]

---

[166] L'Indice de Masse Corporelle, inventé au 19e siècle par le statisticien belge Adolphe Quetelet, est notamment utilisé par les compagnies d'assurances états-uniennes pour faire varier leurs primes.

[167] Le point culminant du mouvement californien a lieu quand 1500

et contre la Guerre du Vietnam, bien qu'elle n'ait jamais vraiment travaillé en cuisine – tout au plus dans quelques drive-in. Elle n'est pas forcément celle qu'on élirait pour mener une révolution, mais elle ne voit pas l'intérêt de mener cette même lutte le ventre vide ou pire, rempli de cochonneries pseudo-prolétaires ingurgitées par certain·es de ses compagnon·nes pour se donner un genre. « Alice était la seule qui insistait sur le fait que ce que nous mangions était politique », se rappelle son ancien petit ami cinéphile Tom Luddy dans un génial livre de David Kamp[168]. « Elle reprenait tout le monde dans le mouvement en disant : "Il ne suffit pas de se libérer politiquement, de se libérer sexuellement, il faut libérer tous les sens !" » Sur le cliché de cette année-là, en 1968, elle s'apprête à déménager à Londres pour suivre une formation au Centre international Montessori, qui prône une pédagogie basée sur l'expérience et les sens. L'image la montre sourire de toutes ses dents et ses pommettes sont comme deux reinettes heureuses d'être là, suspendues à son visage. Bientôt, elle entrera dans la boutique d'ustensiles de l'autrice british Elizabeth David, son idole, et les pommettes atteindront des sommets. Elle passe ensuite une année à bourlinguer en France et dieu sait ce qu'il s'y passe, mais quand elle revient à Berkeley, elle est bien décidée à y ouvrir sa table. C'est chose faite en 1971. Le restaurant qu'elle a pensé comme un petit bistrot *à la française* s'appelle Chez Panisse, du nom

manifestant·es prennent d'assaut le bâtiment administratif de l'université pour un sit-in alimenté par les *peanut butter sandwiches* de la chanteuse de folk Joan Baez *herself*. Tout le monde chante « *We Shall Overcome* », ça devait être quelque chose.

168 C'est de ses recherches que viennent nombre des détails de ce récit sur Alice Waters.

d'un personnage de Marcel Pagnol, et sert un menu différent chaque jour. Comme au temps de ses soupers étudiants, et sans vraiment de compétences pour tenir un tel endroit, elle dresse la table pour que ses ami·es puissent y poursuivre leurs débats politiques. Chez Panisse est politique en soi, un lieu à contre-courant des tomates sans goût et des plateaux TV trop salés, où l'on sert une cuisine simple, fraîche et à base d'ingrédients en circuit-court. « Un troquet à ragoûts de bœuf et tartes aux fruits pour les étudiants et chercheurs de la faculté. C'est tout ce que c'était », commente l'expert en vins Robert Finigan, alors critique culinaire proche de la jeune femme. Effectivement, Waters ne pense pas comme une cheffe d'entreprise et Chez Panisse est régulièrement au bord du gouffre financier. À la cuisinière et autrice Ruth Reichl[169], elle confie à l'époque : « Je veux que tout le monde goûte ce à quoi une salade devrait ressembler. Si ça ne tenait qu'à moi, je leur donnerais juste une bouteille d'huile d'olive et une autre de vinaigre, je les emmènerais dans un super potager et je leur dirais "Voilà, servez-vous !" » Mais la cuisinière et restauratrice a un talent qu'on ne peut nier : elle sait s'entourer. Et en 1972, Jeremiah Tower, un chef alors inconnu, est sa dernière recrue. Comme elle (voire davantage), il maîtrise les classiques de la cuisine française, qu'il reproduit avec brio après quelques semaines d'adaptation. Très vite, le nouveau cuistot prend confiance. Bientôt, le bistroquet adulescent sert de la caille et des sauces au vin riches, et tout le monde applaudit des deux mains.

[169] Et ancienne rédactrice en chef de l'un des magazines food états-uniens fondateurs, feu *Gourmet*.

Mais si Jeremiah Tower révère le grand chef français Jacques Pépin[170], Alice Waters vénère toujours plus sa maraîchère. La reine des salades composées a réalisé, depuis l'ouverture de sa table, que la cuisine française qu'elle tient tant à y servir n'aura jamais la même saveur que de l'autre côté de l'Atlantique, pour la simple et bonne raison que ses ingrédients sont californiens. Alors autant qu'ils soient les plus frais, locaux et durables possible. Avec les graines qu'elle rapporte de ses escapades européennes, Waters demande aux petit·es agriculteur·rices du coin de faire pousser des radicchios, de la mâche, de l'oseille. Sa viande est bien élevée et ses fromages parfaitement affinés. Les citrons Meyer de la tarte ont été cueillis dans le jardin de l'un des professeurs de l'université et la roquette a été ramassée une heure avant d'être servie. Pas d'herbes aromatiques ? Chez Panisse les plante. La restauratrice est la première à créer un poste de sourceur·se, dont l'unique tâche est de dégoter les meilleurs produits et entretenir des relations avec les fermier·ères. « Il y avait cet original qui croyait à ce qu'on appelait "les plantes amies", c'est-à-dire qu'il faisait pousser des carottes et de l'ambroisie côte à côte, parce que quand on plantait tel légume et telle herbe ensemble, le résultat était meilleur, et ce même si l'un d'entre eux n'était pas comestible. Mais les carottes, elles, étaient fabuleuses ! », raconte David Goines, le graphiste de Chez Panisse, dans *The United States of Arugula*. Aujourd'hui, on appellerait ça du compagnonnage, de la permaculture, de l'agriculture régénératrice, et ça n'aurait rien

[170] Jacques Pépin était bien connu à l'époque, puisqu'il s'était depuis longtemps installé aux États-Unis, où il a animé de nombreuses émissions culinaires, notamment avec son amie Julia Child.

de nouveau pour un·e chef·fe engagé·e. Mais il faut comprendre qu'à l'époque, dans les années 70 aux États-Unis (et ailleurs), la démarche locavoriste d'Alice Waters et de son équipe est inédite. Révolutionnaire, même. Pour le troisième anniversaire du bistrot, Jeremiah Tower imagine de petites pizzas individuelles qu'il nomme panisses, topées de tomates beefsteak californiennes et de fromage de chèvre ultra-sourcé – un plat signature encore servi aujourd'hui au restaurant. En parallèle, la cuisine du chef évolue, s'affine, s'embourgeoise. Et ses relations avec Alice Waters se tendent. Tous deux ont une vision du restaurant, et elle est de plus en plus éloignée. En 1976, à l'occasion d'un évènement consacré aux vins californiens, Tower envoie un menu locavore qu'il considère rétrospectivement comme « un dîner qui a changé la face de la gastronomie américaine ». Pour 20 dollars (une coquette somme à l'époque), les invité·es se voient servir des huîtres naturelles de Tomales Bay, du velouté de maïs façon Mendocino pimpé de beurre d'écrevisses, de la truite de Garrapata Creek fumée sur feuilles de laurier californiennes, des crevettes en direct de Monterey Bay sautées au beurre, à l'ail et au persil, du fromage Monterey jack vieux en direct de Sonoma, des figues fraîches caramélisées, et des poires de montagne avec noix et amandes en provenance du marché des producteur·rices de San Francisco. Trois mois plus tard, il quitte Chez Panisse pour ouvrir Stars, son propre restaurant[171]. Mais penser que ça a mis un terme au rêve d'Alice Waters est mal la connaître. Au fil des années, d'autres cuisinier·ères

[171] L'histoire complète de la carrière et vie de Jeremiah Tower, longtemps méconnue ou mal comprise, a été racontée par Anthony Bourdain dans *The Last Magnificient* (2016).

notables (Dan Barber, Judy Rogers, Paul Bertolli, Samin Nosrat) se succèdent derrière ses fourneaux, toujours au service de ce qu'on ne tarde pas à appeler la *Nouvelle cuisine américaine*. Un vent de fraîcheur ébroue la gastronomie états-unienne, et c'est Waters qui le souffle. Bien sûr, la cheffe n'a pas tout inventé et elle n'est pas la seule à irriguer la veine *farm-to-table*[172] (un mouvement social, écologique et culturel alors radical), mais elle s'y est accrochée comme personne d'autre, et plus longtemps que quiconque. Mieux encore, les graines qu'elle a plantées fleurissent aujourd'hui chez d'autres générations.

Alice Waters crée la Fondation Chez Panisse en 1996. Son but est de financer des programmes pour les enfants qui, en dehors de la préparation d'un sandwich au beurre de cacahuètes trop sucré, ne mettent bien souvent plus la main à la pâte et à la terre. L'éducation alimentaire, l'alimentation tout court, est en crise aux États-Unis. Depuis les années 80, le gouvernement grignote progressivement le budget qu'il avait alloué aux School Lunch Programs, des campagnes qui organisent et financent des repas pour les enfants dans le cadre du National School Lunch Act de 1946. Les études ont pourtant prouvé que les gamin·es qui participaient au programme de petit-déjeuner avaient de meilleures notes, moins de signes d'hyperactivité, dépression ou anxiété, moins de retards et d'absences, et une attitude plus sociable. Sur le long terme, ça influence leur dépendance aux aides gouvernementales, le coût de leurs soins de santé ou encore leur faculté à trouver un emploi. Win-win,

172 Littéralement, de la ferme à la table.

pas vrai ? Sauf que comme pour le *peanut butter*, l'industrie de la malbouffe a pris le dessus. Dans les écoles, des compagnies de distributeurs automatiques et des fabricants de sodas font signer des contrats qui remplacent progressivement les repas (plus ou moins) équilibrés des élèves. Le deal ? Une manne d'argent dédiée à l'éducation en échange de la vente (exclusive) de leurs produits. Mais certains de ces contrats sont basés sur des projections de ventes, et quand les établissements ne les rencontrent pas, les entreprises retirent leurs financements. Les écoles et les parents d'élèves, acculés, n'ont alors pas d'autre choix que de promouvoir pizzas et sodas à la cantine. De quoi apprendre très tôt aux enfants que dans la vie, il y a plutôt des gagnant·es, et des perdant·es.

Un terrain vague cerné de grilles, mi-terre battue mi-béton défoncé, sur lequel subsistent quelques traces de peinture d'un ancien parking. Tous les jours, Alice Waters longe la zone désolée, sorte d'excroissance pourrie de l'école Dr. Martin Luther King Jr, plantée à Berkeley. Chaque jour, la cheffe se souffle à elle-même qu'on ne doit pas avoir le goût de se cultiver, quand on a vue sur une terre abandonnée. Ça fait alors près de 25 ans qu'elle tient les fourneaux de Chez Panisse, et elle imagine un nouveau défi : redonner vie, avec des élèves, à cette bande de terre désolée. Son travail végélocal est (re)connu, elle a même écrit un livre de recettes pour enfants, et c'est probablement la raison pour laquelle le directeur de l'établissement accepte de la rencontrer. Par chance, l'homme est plutôt coopératif. « Rien n'aurait été possible sans le principal de l'école. Il voulait que les élèves apprennent la valeur de la nourriture, le sens de la communauté et l'équité. Pour lui, ce projet avait donc un vrai potentiel éducatif », me raconte Alice Waters, 78 ans désormais, assise à son bureau de Berkeley[173]. Cette idée à la croisée de la pédagogie Montessori et du mouvement *farm-to-table*, c'est The Edible Schoolyard Project, qui transforme des potagers et cuisines implantés dans les écoles en salle de classe. Le comble, c'est que la cheffe n'a jamais mangé à la cantine : sa mère préparait tous ses repas, et la seule image qu'elle garde des plateaux repas scolaires, c'est celle d'une bouillie blanche et marron. « Nous, les Américains, n'avons pas vraiment l'habitude de manger des choses qui sont nutritives, et nous cultivons pour la quantité, pas pour le goût. Sauf qu'avoir un cours de cuisine à l'école, ça sert autant à bien manger qu'à proposer une expérience éducative immersive. On peut apprendre les maths ou l'anglais dans un potager, si on veut ! C'est comprendre et avoir une vue d'ensemble sur la culture et l'éducation. » Les professeurs et élèves de la Dr. Martin Luther King Jr School, accompagné·es par Alice Waters et son équipe, donnent les premiers coups de bêche au jardin en 1995. La même année, des cours de cuisine sont intégrés au programme scolaire. En 1997, on n'utilise à la cantine plus que les fruits et légumes qui poussent dans le potager. Deux ans plus tard, c'est tout le district de Berkeley qui s'engage pour une cantine fraîche et bio. L'asso exporte aussi le concept dans d'autres écoles états-uniennes[174], à New York, Los Angeles, la Nouvelle-

[173] L'entretien complet a été publié sur le site du *Fooding*.

[174] En France, The Edible Schoolyard Project a inspiré à la journaliste et autrice Camille Labro (accessoirement traductrice officielle et filleule d'Alice Waters) l'association L'École comestible.

Orléans. Partout ou presque, le projet s'adapte, se fond dans les communautés, ou en crée de nouvelles. « Bien sûr, [les écoles] n'ont pas toutes la possibilité d'avoir un potager et une cuisine, ou de servir des repas grâce à ceux-ci, mais le fait qu'elles aient entendu parler du projet et eu envie de l'expérimenter à leur façon signifie que l'enjeu est évident », ajoute Alice Waters. L'enjeu, c'est de donner naissance à des agro-activistes, de petits environnementalistes bien dans leurs casseroles, en prenant notamment exemple sur les agriculteur·rices qui triment à la régénération des terres. Vous vous souvenez de « l'original » qui cultivait des carottes de première bourre ? Waters m'en a reparlé comme de ces personnes qui ont généré un truc chez elle, un mélange d'espoir, d'enthousiasme et de confiance en l'avenir. Et puisque l'avenir, ce sont les enfants, ça fait sens de les faire se rencontrer. En coulisses, la restauratrice pousse aussi le dossier vers des élu·es. Les School Lunch Programs, ce n'était pas rien, et seule, une asso ne peut pas grand-chose. « Bien sûr, il y a eu des améliorations publiques sur la question, mais pas significatives », estime-t-elle. « Les choses changent bien trop lentement. C'est la raison pour laquelle je travaille actuellement avec des personnes qui ont le pouvoir d'activer ce changement au niveau politique. » Et quand je lui demande si la food est politique, justement, sa réaction arrose quelque chose en moi : « Plus que jamais », répond Alice Waters. « Tout le monde ne vote pas, mais tout le monde mange. Et aujourd'hui, il faut manger avec détermination. Si nous le faisions tous, nous pourrions transformer notre agriculture en une nuit ! Ce serait la plus importante décision politique de notre époque... »

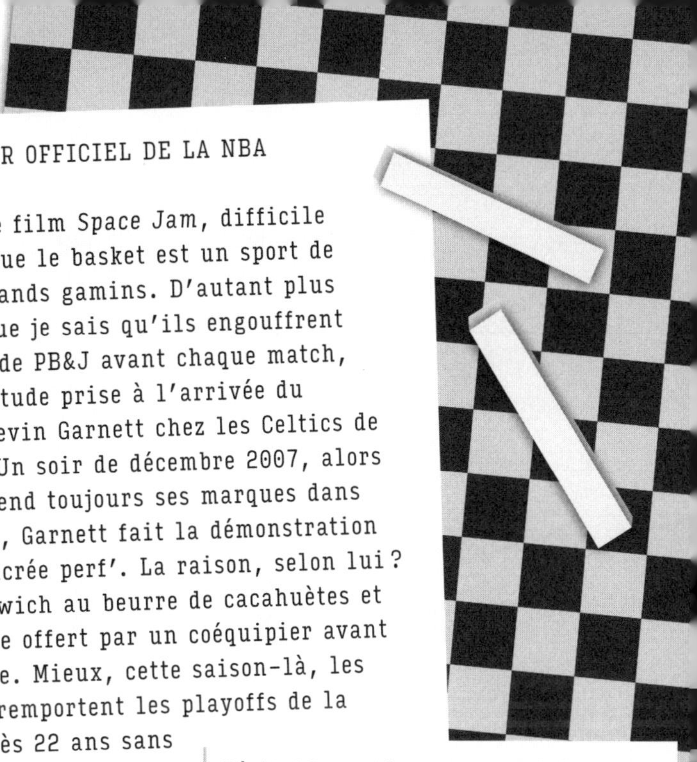

LE GOÛTER OFFICIEL DE LA NBA

Depuis le film Space Jam, difficile de nier que le basket est un sport de (très) grands gamins. D'autant plus depuis que je sais qu'ils engouffrent leur lot de PB&J avant chaque match, une habitude prise à l'arrivée du joueur Kevin Garnett chez les Celtics de Boston. Un soir de décembre 2007, alors qu'il prend toujours ses marques dans l'équipe, Garnett fait la démonstration d'une sacrée perf'. La raison, selon lui ? Un sandwich au beurre de cacahuètes et confiture offert par un coéquipier avant la partie. Mieux, cette saison-là, les Celtics remportent les playoffs de la NBA après 22 ans sans titre. Résultat, « les Celtics se sont mis à faire des sandwichs en masse », rapporte un préparateur physique des Lakers au journal Le Monde. Et les autres teams de les imiter, parfois en quantité – les Bucks en engloutissent 20 à 30 par match, et en ont fait leur petite mythologie. →

Véritable motivateur nutritionnel, gri-gri sucré-salé ou pure gourmandise ? « Les glucides du pain et de petites doses de gras et de protéines constituent un mélange optimal pour provoquer un regain d'énergie », explique la diététicienne et nutritionniste du sport Meg Mangano, rattachée aux LA Clippers durant sept ans. Puis il y a l'autre raison, un poil plus nostalgique : c'est tout simplement réconfortant, pour ces athlètes qui, avant d'être sur les bancs de la NBA, ont squatté ceux de l'école – PB&J à la main.

Le paradoxe du poulet frit

« Il me semble que même si certains aliments ont été étiquetés "soul food" et associés aux Afro-Américains, les Afro-Américains peuvent être associés à tous les aliments. »

(Vertamae Grosvenor, 1970.)

« Je déteste l'admettre, brother, mais il est des fois
Quand je mange du poulet frit
Où je ne pense à rien d'autre qu'à manger du poulet frit,
Où j'oublie complètement ma famille, mon honneur et mon pays,
Les dettes de sang dont je reste la victime,
Mes humiliations passées et mes futurs crimes –
Tout, en résumé, si ce n'est la peau croustillante de mon poulet frit. »

(Linh Dinh, 2005[175].)

À un peu plus de 4000 kilomètres de Chez Panisse, littéralement à l'autre bout du pays, Leah Penniman plante elle aussi le changement en pleine terre. Elle est agricultrice, éducatrice et autrice d'un épais guide bleu vert intitulé *Farming While Black* arrimé à l'histoire de sa ferme, Soul Fire Farm. Plus jeune, à l'âge où elle prenait conscience que sa couleur de peau la renvoyait dans la catégorie de celles et ceux qui devront lutter, Penniman ne se serait jamais permise d'imaginer

[175] Il s'agit d'un extrait d'un poème initialement publié dans *American Tatts* (Chax Press, 2005), par le poète vietnamien Linh Dinh. Il est consultable dans sa version originale (en anglais) et dans son intégralité sur le site www.poetryfoundation.org

devenir fermière. « On m'envoyait le message très clair que les activistes noirs se préoccupaient des violences par armes à feu, des discriminations au logement et des réformes d'éducation, tandis que les blancs s'intéressaient à l'agriculture biologique et à la protection de l'environnement », se souvient-elle. Dans sa tête, s'émouvoir pour un lopin de terre, alors même que ses ancêtres maternels avaient été forcée·s à courber l'échine dans les plantations, relevait de la trahison. Professeure, scientifique, enrepreneure, bonne sœur – tout, plutôt que paysanne. Puis il y a cette annonce pour un camp d'été sur candidature, The Food Project, qui donne l'opportunité à une centaine de jeunes de semer un terrain à destination des quartiers populaires de Boston. Elle est prise dans le programme. Le premier jour, alors que ses mains s'imprègnent de l'odeur de la coriandre fraîche et que des gouttes de sueur poussiéreuse marquent son front, elle se rappelle d'une étrange sensation : comme si quelque chose prenait racine et poussait en elle, un sentiment qu'elle veut immédiatement cultiver – littéralement. Faire sortir du sol Soul Fire Farm, son projet de lutte contre le racisme et l'injustice d'un système alimentaire défaillant, lui prend quatre ans. La ferme, il faut la voir, n'est rien de plus qu'un champ et une maison en bois et en verre enclavés dans la forêt d'Albany, New York. Mais 29 hectares, c'est déjà beaucoup dans ce qu'on qualifie de « désert alimentaire[176] ». Un·e habitant·e des États-Unis sur dix habite dans l'une de ces zones pauvres et sans

[176] Pour le Département d'agriculture des États-Unis (USDA), un désert alimentaire est caractérisé par une population dont 20 % des personnes au moins se situent sous le seuil de pauvreté, et pour qui le supermarché le plus proche est à plus d'un mile (1,6 kilomètre).

approvisionnement proche – dont une majorité de personnes racisées[177] et de parents célibataires. « Je préfère le terme "apartheid alimentaire", corrige Leah Penniman, parce qu'il rend évident le fait que nous vivons un système de ségrégation imposé par les humains, qui offre à certains groupes l'opulence et empêche à d'autres d'accéder à une nourriture vitale. » La cultivatrice est comme ça : assertive et engagée jusqu'au bout de ses ongles noircis par le travail au champ. Pour elle, l'ADN des États-Unis est noué à cette injustice des ventres. Elle serait née avec le vol du territoire des indigènes d'Amérique et le kidnapping d'Africain·es mis·es en esclavage, à qui, même une fois libres, on a dénié le droit de posséder des terres. Pire, au 21e siècle, par le truchement de banques et d'entreprises racistes, mais aussi d'agences gouvernementales pas beaucoup plus décentes[178], les fermier·ères noir·es ne représentent plus que 50 000 des exploitant·es du pays – il y a un siècle, on en comptait un million. À la fin de la guerre de Sécession, on avait pourtant promis à ces hommes et femmes désormais libres « 40 acres[179] et une mule » chacun·e[180]. On attend toujours d'en

---

[177] Les personnes « racisées » sont celles qui vivent des discriminations individuelles et systémiques liées à leur origine et/ou couleur de peau. Le terme est officiellement entré dans le Robert en 2018.

[178] Les deux plus épatants épisodes du podcast *1619* sont consacrés au sujet. Il fait partie d'un corpus plus important réalisé par la journaliste Nikole Hannah-Jones pour le *New York Times*, et récompensé d'un prix Pulitzer. De nombreux conservateur·rices ont appelé au retrait de ce prix, invoquant des erreurs factuelles et un travail plus idéologique que journalistique. Le nombre 1619 fait référence à l'année de débarquement des premiers esclaves africain·es sur le continent américain. Pour Hannah-Jones, il s'agit de la véritable date de naissance des États-Unis.

[179] Soit 16 hectares.

[180] Cette promesse de redistribuer des terres des Confédérés aux anciens esclaves après la Guerre civile, était alors une forme de réparation radicale. Elle

voir la couleur. Alors, Leah Penniman, qui possède un champ émeraude et un sacré engagement, a fait de l'agriculture son acte de résistance plutôt qu'une source de déshonneur. Et son livre, un genre de manuel de libération agricole à destination (surtout) des personnes racisées, n'est que l'une de ses voies d'action. À l'intérieur, au chapitre sur le bétail, les premiers conseils distillés le sont pour l'élevage des poulets. Et quand elle demande à ses élèves de Soul Fire Farm qui en mange, toutes les jeunes mains ou presque se lèvent.

Vous avez probablement lu le titre de ce chapitre et puisque vous me voyez venir, autant le dire tout de suite : associer poulet frit et Afro-Américain·es est aussi historiquement et culturellement correct que généralement périlleux – pour ne pas dire potentiellement raciste. À travers les décennies, le *fried chicken* a servi de délicieux ravitaillement lors de réunions politiques secrètes, d'offices religieux et même d'enterrements, mais aussi de moyen pour rabaisser les personnes noires. Dans tous les cas, ce n'est pas une référence culinaire à brandir à la légère – raison pour laquelle, en tant qu'autrice blanche, je marche sur des œufs, sans mauvais jeu de mots. Pour le comprendre, mieux vaut commencer par le début. Sauf qu'on a bien du mal à retrouver la trace d'un·e créateur·rice génial·e du poulet frit : d'aucuns pensent qu'il s'agirait d'une adaptation de la fricassée *à la française*, dans laquelle les morceaux de poulet seraient dorés à l'huile plutôt qu'au beurre[181] – c'est la fameuse

---

n'a néanmoins jamais été mise en application. 40 Acres & A Mule Filmworks est le nom de la boîte de production du réalisateur militant Spike Lee.

[181] « Frit » et « cassé », puisque la technique permet d'attendrir la viande.

rhétorique qui consiste à dire que tout a d'abord été français avant d'être bâtardisé par d'autres pays. Certain·es estiment qu'il faut plutôt chercher son origine en Asie du Sud-Est, où les poulets ont été domestiqués en premier lieu. Une autre filiation est à chercher dans le bassin méditerranéen, qui a tout ce qu'il faut depuis des siècles pour frire du bon poulet : des marmites en fer, de la graisse animale et végétale, et des volailles en quantité – le tout partagé ensuite par-delà le Sahara grâce à des caravanes marchandes. Demandez maintenant à n'importe quel·le Nord-Américain·e d'où vient le *fried chicken*, et il ou elle vous répondra sans hésiter : du Sud des États-Unis – et d'une période bien sombre de son histoire.

On l'appelle le « péché originel » de la nation : dès la première moitié du 17e siècle, des hommes et femmes enlevé·es sont faits propriété et triment sans autre perspective que de continuer à mettre un pied entravé devant l'autre. Ils travaillent au champ ou en cuisine, où leur main-d'œuvre est aussi « gratuite » que leurs aptitudes excellentes. Les Peuls, un peuple de bergers kidnappé en Afrique de l'Ouest pour faire office de bêtes de somme, font par exemple d'exceptionnels cowboys[182], mais aussi d'habiles éleveur·ses de poules, animaux traditionnellement utilisés pour leurs rituels sacrés. En 1692, on interdit aux esclaves de garder des chevaux, des bovins ou des cochons, mais la loi ne mentionne pas les poulets. Parfois, les captif·ves sont même autorisé·es à les vendre. Peut-être parce que pour les Blanc·hes d'alors, ce sont des volailles de seconde zone : ils préfèrent

[182] Au début du 19e siècle aux États-Unis, un tiers des cowboys étaient noirs.

s'envoyer de la dinde ou du canard, mijotés d'après les recettes publiées par les maîtresses les plus en vue du pays – l'autrice de *The Virginia Housewife* Mary Randolph et Martha Washington (l'épouse du président George Washington), entre autres. Mais dans l'ombre de leurs immenses cuisines alimentées au feu de bois, comme dans toutes celles des maisons bourgeoises de l'époque, ce sont d'autres femmes qui fricassent : des esclaves noires, expertes en cuisine. Des cheffes. C'est aussi dans ces salles de labeur que, dès qu'elles le peuvent, elles se rebellent, dérobant les provisions, pimpant les plats de crachats ou empoisonnant carrément leurs maître·sses. Mais toutes leurs révoltes ne sont pas nécessairement violentes. Parfois, il s'agit simplement de nourrir les forces vives de la lutte pour les droits des Afro-Américain·es. D'autres fois, d'accumuler un petit capital, en élevant et en vendant des poulets par exemple, qui leur permet d'acheter leur liberté et de s'établir comme traiteures, professeures de cuisine, hôtelières respectées et même autrices. La première à dicter sa propre recette de *fried chicken* dans un livre est Abby Fischer, qui en publie en 1881 une version très simple, au poulet simplement fariné puis frit, servi avec un léger *gravy*[183]. Reste que peu de ces cuisinières noires ont été créditées pour leur apport pourtant révolutionnaire à la culture culinaire états-unienne.

Si des noms tels que celui d'Abby Fischer finissent tout de même

[183] Il y a aujourd'hui autant de manières de préparer du poulet frit que de coffee shops à Brooklyn, mais il faut bien s'entendre sur au moins une définition : qu'importe s'il a été préalablement mariné ou non, pané aux cornflakes ou à la panko, plongé à moitié ou complètement dans l'huile, et si celle-ci était végétale ou plutôt du saindoux, « le fried chicken doit comporter un os ».

par émerger de la mémoire (très sélective) des USA, c'est grâce à des chercheur·ses[184], afro-américain·es majoritairement, spécialistes de l'histoire, de la cuisine et de l'excavation minutieuse de livres de recettes signés de ces queux (presque) oublié·es. Toni Tipton-Martin est probablement celle qui en a amassé la plus grande collection, dont 150 titres ont été recensés dans l'ouvrage *The Jemima Code*. Aunt Jemima, c'est l'alter ego de ce bon vieux Uncle Ben's : la mascotte vaudevillesque d'une marque, incarnée par une femme noire chaleureuse, au visage poupon, toujours prête à dégainer son mix à pancakes pour éviter qu'on ne se foule trop dans la préparation du petit déjeuner. Tante Jemima ne saurait lire une recette : elle cuisine à l'instinct, le même qui sépare si distinctement, d'une ligne aussi rouge que les emballages de la marque, les marmitons noir·es illettré·es des chef·fes blanc·hes éduqué·es. En adossant cette servante joviale et docile à tou·tes les grand·es cuisinier·ères noir·es qui ont dressé la table états-unienne, Toni Tipton-Martin en fait un autre modèle : celui d'une figure inspiratrice, une véritable autorité culinaire. Ça m'aide à mieux comprendre le véritable rôle de ces femmes qui, juste après la guerre de Sécession, portaient le même fichu sur leurs cheveux crépus que Jemima quand elles se rendaient à la gare de Gordonsville, Virginie, pour vendre leurs paniers de poulet frit. Il faut imaginer la bourgade comme une ville-échangeur, un carrefour habité où deux lignes majeures vomissent leur voyageur·euses plusieurs fois par jour. C'est à travers les fenêtres des trains

[184] Michael Twitty, Jessica B. Harris, Adrian Miller, Frederick Douglass Opie, Psyche Williams-Forson, Marcia Chatelain ou encore Thérèse Nelson, pour ne citer qu'eux.

que les cuisinières fourguent leurs belles cuisses de poulet panées, un job accessible à une époque où les emplois pour les personnes racisées ne courent pas les rues – même celles d'un bled bouillonnant. Là, entre les voies, ces femmes sont reconnues pour le service qu'elles offrent aux passager·ères et par la même occasion, le combat économique qu'elles mènent pour leur communauté. Leur activité finit par disparaître avec l'arrivée des wagons bars, mais à Gordonsville[185], une plaque commémorative continue aujourd'hui de rappeler ces « premières femmes entrepreneures noires ».

Le *fried chicken* a toujours bien voyagé. Dans les sacoches des soldats durant la guerre de Sécession, puis en bus ou en train à l'ère des lois ségrégationnistes Jim Crow[186], qui font fuir les Afro-Américain·es vers le nord du pays. Dans leurs *shoeboxes* (littéralement des boîtes à chaussures), ils empaquètent du poulet frit qui se conserve plus longtemps que d'autres aliments, puisque les wagons bar et les restaurants de gare (et d'ailleurs) n'acceptent pas de les servir. Leurs trains sont rebaptisés *Chicken Bone Express*, et l'histoire veut que, comme des petits poucets, on peut suivre leur périple aux os de poulet laissés au sol. Mais l'image commence à leur coller aux basques – et ce n'est pas forcément une bonne chose. Pourquoi ? Il y a cette très vieille carte postale, par exemple, montrant un homme

[185] La ville revendique le titre de « Capitale mondiale du poulet frit » avec un festival annuel dédié à la spécialité sudiste.

[186] La Guerre de Sécession, qui a lieu entre 1861 et 1865, met officiellement fin à l'esclavage. Directement après, les lois Jim Crow basées sur les « *Black codes* » installent la ségrégation entre les Noir·es et les Blanc·hes dans le pays, sur le principe « égaux·les, mais séparé·es ». Elles sont entièrement levées en 1968 seulement – la même année que l'assassinat de Martin Luther King.

noir portant une énorme pastèque sous chaque bras. Il regarde son pied droit, à côté duquel se trouve une belle poule à longues plumes blanches. « Le texte sur la carte indique qu'il ne parvient pas à savoir s'il doit déposer les pastèques pour attraper le poulet », explique la docteure Psyche Williams-Forson, responsable du département d'Études américaines de l'Université du Maryland. La pastèque, comme le poulet, encapsulent une image raciste, celui du Noir idiot et avide. « Les Européens qui traversaient les États esclavagistes d'Amérique et envoyaient ces cartes postales sur leur continent ont contribué à diffuser les images de ménestrels », soit des représentations voulues comiques mais en réalité haineuses des Noir·es, dépeintes comme des personnes joyeusement stupides[187]. Un autre exemple ? Juste après l'élection du seul président noir de l'histoire des États-Unis, un restaurant new-yorkais affiche sur sa carte un « Obama Fried Chicken ». Quelques années plus tôt, commentant amèrement la carrière de Tiger Woods, le golfeur pro Fuzzy Zeller s'inquiète de savoir si son adversaire va commander du poulet frit lors d'un prochain repas de gala. « J'ai mené des groupes de discussion avec des étudiants », raconte Psyche Williams-Forson, qui a travaillé sur l'humiliation alimentaire. « Et ils me disaient que non, absolument pas, ils ne mangeraient jamais de poulet en public. » Voilà comment, entre autres, le plat est devenu objet de honte pour de nombreux·ses États-Unien·nes noir·es, accablé·es de stéréotypes dégradants.

[187] Jim Crow, qui a donné son nom aux lois ségrégationnistes, est l'un des personnages de minstrel shows joués par des Blanc·hes maquillé·es (la fameuse « *blackface* »), mais aussi par des comédien·nes noire·s à partir de la moitié du 19e siècle.

J'aimais la Nouvelle-Orléans avant même d'y mettre les pieds, et en y débarquant finalement, je découvre que la ville est pleine de fantômes. Ils se cachent dans une façade arrachée, la mélodie d'un carillon, le murmure de l'autoroute jamais loin. Ce jour-là, on peut sentir le parfum de friture de Willie Mae's Scotch House à deux pâtés de maison, et il me fait le même effet qu'un spectre qui m'attraperait par les narines. Le restaurant, une bâtisse blanche du quartier historique de Treme à la Nouvelle-Orléans, est ouvert depuis 1957. Le même bâtiment est immortalisé sur un portrait accroché dans la salle, celui de la patronne Willie Mae tendant une assiette, une auréole planant au-dessus de la tête. À côté de l'image trône son prix de la James Beard Foundation, un « America's classic » – l'award d'une vie, soigneusement encadré. C'est désormais son arrière-petite-fille qui tient le restaurant. « Elle a tout conservé dans son jus et prépare toujours les mêmes recettes », m'assure le serveur, un grand monsieur aux dents 24 carats, qui insiste pour me resservir du thé glacé et saccharosé dès que j'en finis une lampée. L'avantage de déjeuner seule, c'est que j'ai tout le loisir d'observer ce qui m'entoure : le chat tigré sur le pas de la porte, les deux statuettes de la vierge, la famille qui dit ses grâces avant de manger, l'affiche du documentaire de Spike Lee *If God Is Willing And Da Creek Don't Rise* et, enfin, mon assiette déboulant avec le serveur, dont je sais désormais qu'il est Verseau – manger seule, ça donne aussi l'occasion de discuter. J'ai opté pour la spécialité de la maison, et j'ai eu raison. La panure de mon *fried chicken* est légère et la chair parfumée du poulet tombe de l'os. Le mac and cheese qui l'accompagne est aussi aillé qu'épicé et le *cornbread* à peine sucré. Il a fallu sérieusement retaper le restaurant après Katrina, en 2005, et je suis heureuse que cette maison blanche n'ait pas disparu comme tant d'autres soufflées par l'ouragan, parce que ce *fried chicken* est le meilleur que j'ai mangé de ma vie. Notez que j'étais censée m'attabler en face, chez la légendaire Leah Chase, mais les horaires d'ouverture en ont décidé autrement. La « reine de la cuisine créole » a beau être décédée en 2019, il paraît que rien n'a bougé dans son restaurant Dooky Chase : ni la moquette pourpre, ni le portrait qui la montre enlacée par Barack Obama, ni le buffet qui contient, dit-on, l'autre meilleur poulet frit de la ville. Les deux enseignes, celle de Willie Mae et de Dooky Chase, ne sont aujourd'hui debout que grâce à l'aide de la communauté locale. Un juste retour des choses pour ces femmes qui l'avaient nourrie des années durant. Pour Leah Chase par exemple, la bouffe était un moyen de prendre soin – et de lutter. Au fil des ans, dans sa salle rétro-guindée que les forces de l'ordre n'osent pas faire évacuer, se succèdent les leaders nationaux du combat pour les droits civiques, comme le docteur King, qui a entendu parler du Boycott des bus de Baton Rouge et planifie de suivre l'exemple à Montgomery, Alabama. Là-bas, une autre cheffe de caractère nourrit le mouvement.

Son histoire commence elle aussi dans un bus. Au milieu des années 50, Georgia Gilmore grimpe dans l'un d'eux, demande un ticket et se dirige vers l'arrière du véhicule, comme l'exige le code de l'époque. La voix en colère du chauffeur la rattrape. Il lui demande de descendre et de remonter par la porte arrière : dans son bus, seuls les blancs ont le privilège de pouvoir emprunter l'entrée avant pour embarquer. Gilmore, 34 ans, dévale les marches et se dirige vers les battants réservés aux personnes noires. Elle ne veut pas être en retard au travail. Mais le chauffeur n'attend pas et démarre en trombe. Nous sommes quelques mois avant le boycott des bus de Montgomery et Georgia Gilmore n'est pas Rosa Parks. Non, c'est une cuisinière de la National Lunch Company, un *diner* ségrégué du sud-est des États-Unis. Elle a six enfants, avec lesquels elle se rend à l'église d'un certain Martin Luther King. Après sa violente humiliation, elle s'avance d'un pas décidé vers le pasteur : elle veut s'engager dans son mouvement. Parce qu'elle ne peut se permettre de perdre son emploi, elle est de facto exclue des premières lignes de la résistance. En revanche, elle peut la soutenir de sa cuisine. Son four devient alors le QG du collectif culinaire militant baptisé The Club from Nowhere. Ainsi quand on demande d'où vient l'argent levé grâce à la vente de tartes et gâteaux, elle peut répondre « de nulle part ». Les fonds récoltés, entre 125 et 200 dollars[188] chaque semaine, permettent de financer des transports alternatifs pour les Noir·es Américain·es durant le boycott du système de transports ségrégué de Montgomery, qui durera 381 jours. Mais Gilmore, de plus en plus vocale et reconnue pour son engagement, perd son boulot à la cafétéria. Le Dr. King, qui habite à quelques rues de la maison de la cuisinière, est un grand amateur de son poulet frit et l'encourage alors à ouvrir sa propre table. Celle de sa salle à manger sert alors de restaurant caché, où les meneur·ses de la lutte pour les droits civiques se réunissent pour débattre,

[188] Entre 1100 et 1800 dollars aujourd'hui.

s'organiser et grailler des côtes de porc. « Reléguée à la marge de la société à cause de la couleur de sa peau, de son genre et de sa classe sociale, Gilmore a mobilisé ses fourneaux au service de la création d'un futur où tous pourraient être traités de la même manière », résume l'autrice et journaliste Korsha Wilson dans le recueil de textes culinaro-féministes *Women on Food*. Georgia Gilmore, décédée le jour du 25e anniversaire de la marche de Selma à Montgomery, vient grossir les rangs de ces femmes noires utilisant la bouffe comme contre-pouvoir. Elles ne ressemblaient en rien à l'innocente et toujours souriante Aunt Jemima, et leur rôle fut crucial. « Parfois, il consistait à préparer des sandwichs dans des points de rencontre illégaux – le café de Sallie Smiley à Montgomery, la table d'Eva Russel à Birmingham, ou celle d'Annie Lee Stewart à Grenada, Mississippi », rapporte l'autrice de *The Jemima Code*. « Parfois, ça signifiait enseigner la conservation des aliments. D'autres fois encore, faire porter des plats de poulet frit, mac and cheese, légumes et *cornbread* à des réunions clandestines tenues dans des sous-sols d'église, où les leaders du mouvement et les jeunes du Projet C (pour « Confrontation »)[189] avaient faim d'un repas fait-maison. » Et pour ces jeunes militant·es, les lieux de restauration s'avèrent une fois de plus stratégiques. Pas parce que les étudiant·es afro-américain·es vont s'y ravitailler, mais plutôt parce qu'on leur en interdit l'accès. Le comptoir où se sont installés une poignée d'entre eux est aujourd'hui exposé dans un musée de

[189] Aussi connu sous le nom de Campagne de Birmingham. Cette campagne d'« action directe non-violente » constituée principalement d'étudiant·es a abouti à une série d'arrestations et de violences de la part de la police et de certain·es participant·es.

Washington DC[190]. On les appelle « Les Quatre de Greensboro ».

Le lundi 1er février 1960, Ezell Blair Junior, David Richmond, Franklin McCain et Joseph McNeil devraient être assis sur les bancs du North Carolina Agricultural and Technical College, en Caroline du Nord. Mais ce jour-là, après avoir discuté toute la nuit des tenants et aboutissants de l'acte qu'ils s'apprêtent à commettre, ils entrent dans un magasin Woolworth à Greensboro, et grimpent sur les tabourets de la cafétéria. On y sert des sandwichs au bacon et à la tomate et des *ice cream sodas*. Mais pas à eux : le restaurant est ségrégué, comme bien d'autres, et ils le savent. Leur nuit blanche les a amenés à discuter des actions non-violentes de Mohandas Gandhi et de l'assassinat, cinq ans plus tôt, du jeune Emmett Till, tué pour avoir soi-disant sifflé une femme blanche devant un magasin. Lorsque les employé·es refusent de prendre leur commande, ils résistent donc pacifiquement en restant calmement à leur place. Plus tard, Franklin McCain se rappelle de ce moment où la salle du restaurant entière a été plongée dans le silence, comme dans une église : « Quasi instantanément, après m'être assis sur une simple, bête chaise, je me suis senti plus soulagé que je ne l'avais jamais été. Je me sentais si propre, comme si j'avais regagné un peu de mon humanité par ce simple acte[191]. » La police intervient sur les lieux, mais ne peut pas faire grand-chose, puisque les quatre garçons ne font, fondamentalement, « rien de mal ». Ils sont même incroyablement stoïques, dans

190 Le Smithsonian National Museum of American History.

191 Plus tard, McCain racontera à quel point il était désespéré et traumatisé de vivre sous la ségrégation états-unienne, jusqu'à en devenir suicidaire. Il est finalement décédé à l'hôpital de Greensboro en 2014, à l'âge de 73 ans.

leurs manteaux et costumes impeccables choisis spécialement pour l'occasion. Les médias aussi sont de la partie grâce à l'appel d'un complice, et documentent le sit-in des étudiants, qui ne quittent finalement les lieux qu'à la fermeture précoce du magasin espérant les faire cesser leur foin. Sauf que le lendemain matin, Blair, McCain, Richmond et McNeil sont de retour. Et avec eux, d'autres étudiant·es, à Greensboro puis dans d'autres villes, et bientôt, dans tout le Sud. Beaucoup sont arrêté·es. La chaîne Woolworth, sous pression, décide pourtant quelques mois plus tard de lever l'interdiction ségrégationniste dans ses magasins. Les premiers client·es officiel·les du comptoir sont des employé·es noir·es de la succursale. Quatre ans après, avec le (premier) Civil Rights Act de 1964, le Congrès promulgue la fin de toute ségrégation basée sur la couleur de peau, la religion ou le sexe. Cette bataille-là est gagnée, mais il reste encore tant de chose à faire. En 1969, par exemple, les Black Panthers montent le Free Breakfast for School Children Program, qui offre un petit-déjeuner complet aux gamins dans le besoin, en parallèle du School Lunch Act officiel[192]. Ils dédient ainsi notamment leur combat à la justice alimentaire – « *All food to the People*[193] », l'autre cri de ralliement. Et puis, il y a de ça dix ans maintenant, on scande « *Black Lives Matter!* » dans les rues du pays suite à l'acquittement de George Zimmerman, après qu'il a abattu sans raison Trayvon Martin, 17 ans. Puis à nouveau, plus fort que jamais en 2020, après l'arrestation brutale de George Floyd par des policiers dans le Minnesota,

---

[192] J'en parle dans le chapitre sur le *peanut butter*.

[193] Le slogan des Black Panthers était « *All Power to the People* ».

qui conduira à la mort de l'homme par arrêt cardiopulmonaire. Cette fois-là encore, la table est un espace d'expression de la colère et de la solidarité communautaire. De tous temps, il s'agit de nourrir la révolution.

Dans les sixties, en même temps que leurs droits sont réaffirmés, les Afro-Américain·es du Sud cuisinent avec une assurance renouvelée un style qui n'appartient qu'à eux, réalisent-ils. Deux mots se mettent à être susurrés au-dessus des assiettes de *collard greens*[194], de *chitterlings*[195] et de *hush puppies*[196] : soul food. Une cuisine sudiste, assurément, un courant, un mouvement même, né de l'amour et du soin (le *care*) qu'on peut mettre dans un plat. En tout cas, un marqueur culturel d'expression noire fort, comme la *soul music*, un truc baignant dans la fierté et la dignité retrouvées. Dans le gras aussi, à en croire ses détracteurs, décidément jamais très loin. C'est probablement quelque part là qu'est née la démarcation entre *Southern cuisine* et soul food : toutes les deux originaires du Sud, l'une a été captée par les Blanc·hes et aime se présenter comme fraîche et rurale, tandis que l'autre est revendiquée comme noire, et donc forcément rabaissée à une nourriture peu saine voire libidineuse – plutôt que généreuse et originale. Puis la *nouvelle cuisine* redistribue les cartes. Et que se passe-t-il quand tout le monde a le même jeu – des produits frais, une cuisine raffinée, un service pointu ? En 2018, la jeune garde des cuisinier·ères noir·es se retrouve dans une série de dîners

---

[194] Les *collard greens* désignent une variété de chou vert.

[195] Ou plutôt *chit'lins*, un plat composé d'intestins grêle de porc, le plus souvent.

[196] Un beignet salé à base de farine de maïs.

baptisés Soul Food Sessions. Un pied de nez à toutes celles et ceux qui s'y pointent en s'attendant à y trouver du poulet frit et finissent par découvrir un menu enlevé et inventif. Gregory Collier, le chef de Leah and Louise à Charlotte, Caroline du Nord, fait partie des cuisinier·ères noir·es présent·es : « Un tas de gens se demandent ce qu'il y a de mal avec le fried chicken, avec les collard greens, avec le mac and cheese. Rien. Ce sont des préparations géniales, phénoménales même, elles sont au panthéon de la cuisine noire – mais elles ne sont pas *la* cuisine noire. C'est un truc que j'ai dû réaliser. Quand j'ai voulu devenir chef, j'ai cru qu'il fallait que je dise fuck à mon héritage pour trouver qui j'étais. (...) Je voulais voir ce que ça faisait d'être capable d'évoluer sans cases, sans limites. Mais j'ai fini par réaliser à quel point mon histoire, l'histoire tout court, était importante. » Pour dire *fuck* aux clichés, *fuck* aux limites, *fuck* à la honte.

« Durant les plus de quatre siècles qui se sont écoulés depuis que les Africains ont mis pour la première fois les pieds sur le continent nord-américain, nous avons travaillé sa terre, cueilli ses récoltes, écrit ses recettes, brassé sa bière, distillé son whisky, cuisiné ses produits, mis sa table, servi son repas, débarrassé sa vaisselle, et même vidé son pot de chambre. Ce faisant, nous avons fait la table de cette nation et avons longtemps été les intendants de quelques-uns de ses plats les plus importants », écrit l'historienne Jessica B. Harris en préambule d'une exposition sur la cuisine des Afro-Américain·es. Le *fried chicken* fait sans aucun doute partie de ces plats fondateurs. Pour que ce soit le cas, on pourrait croire qu'il faudrait qu'il soit simple, consensuel, universel. Et bien sûr, il est bon, excellent même, trouvez donc quelqu'un pour vous dire le contraire, mais il n'est pas simple. De tous les plats que j'ai tenté de vous raconter, il est même probablement le plus complexe. Sans doute parce qu'il ne s'agit pas, avec lui, de parler de plaisir. Il s'agit de se planter au carrefour de tous les récits qui le traversent et d'accepter que pas une seule route ne soit la bonne ou l'unique pour en parler. Ni celle de la domination ni celle de l'indépendance, ni celle du racisme ni celle de la fierté noire. C'est un putain de nœud d'histoires contradictoires, et c'est ça qui le rend iconique, mythologique. Le fait que le poulet frit soit délicieux, c'est la cerise sur le gâteau.

CUISINER BLANC, MANGER HÉTÉRO

Toni Tipton-Martin a de longs cheveux cendrés et une carrière pleine de mots, une obsession pour la food et une connaissance encyclopédique de la gastronomie noire états-unienne. Dans son *Jemima Code*, elle présente 150 livres de recettes écrits entre 1827 et 2011 par des cuisinier·ères afro-américain·es, dont l'expertise (celle de femmes, surtout) a été éclipsée par les publications toujours plus nombreuses d'auteur·rices blanc·hes. « On ne pense pas forcément aux livres de cuisine pour combattre l'injustice », réfléchit une autre autrice et cuisinière, Julia Turshen. « Mais si j'ai bien appris une chose en écrivant *Feed the Resistance*, c'est qu'un bouquin peut être plus qu'une collection de recettes : c'est un catalyseur de changement. C'est un canal pour partager des idées porteuses de sens et de défis dans un emballage familier ».

Et de fait, derrière l'apparente inoffensive couverture de son *Nourrir la résistance*, la table des matières affiche des entrées telles que « Repas facile à destination de ceux qui sont trop occupés à se révolter pour cuisiner », « Approvisionner en grand : de la bouffe pour les foules » ou encore « Plats préparés + snacks à emporter » – la section idéale des manifestants. Certaines de ses recettes militantes sont parfois aussi douces et sucrées qu'un gâteau au chocolat, à l'instar de son *Happy Wife, Happy Life Chocolate Cake*, à travers lequel la cheffe ne cache pas être mariée à une femme. « Petite, j'ai appris à cuisiner à travers des livres de recettes. Mais en grandissant et en devenant moi-même autrice, en plus d'une femme lesbienne et fière de l'être, j'ai réalisé que les bouquins de mon enfance ne me ressemblaient pas. C'est la raison pour laquelle je mets tout mon être dans mon travail, y compris les plus petits détails. » En 2019, un baromètre de diversité révélait que sur un échantillon d'entreprises littéraires états-uniennes, 76 % des employé·es étaient des personnes blanches et 81 % des hétéros. C'est notamment ce déséquilibre qui explique le manque de représentation des auteur·rices racisé·es ou gays dans le monde du livre de recettes, puis dans la food en général.

Moins ils sont publié·es, moins ils sont nombreux·ses à grimper le top des ventes, et donc à recevoir des prix et atteindre la reconnaissance. Moins de *food writers* divers acclamé·es, c'est également moins d'invitations à des festivals, des conférences ou des tables rondes. Et donc moins d'opportunités d'apparaître dans les médias. « Ça signifie que l'univers de la food continue de ne pas refléter le monde tel qu'il est », conclut Turshen.

Épilogue

Écrire ce livre m'a occupée plus de deux ans. Bien sûr, je n'ai pas tapoté sur un clavier 800 jours durant – j'ai même rarement « tapoté », plutôt passé de longues heures à regarder péniblement l'écran de mon ordinateur et, en de rares occasions, furieusement martelé ses touches. Lorsque j'ai mis un point final au manuscrit, les États-Unis avaient changé de président, quitté puis rejoint les Accords de Paris, fêté les 30 ans de Disneyland, essuyé une effraction historique du Capitole, primé les films *Nomadland, Dune* et un nouveau *James Bond*, pleuré les victimes d'un nombre invraisemblable de tueries de masse, célébré un nouvel album de Beyoncé, retiré leurs troupes d'Afghanistan, regardé Will Smith gifler Chris Rock, inauguré le tourisme spatial, abrogé le droit inaliénable à l'avortement, et enterré Ruth Ginsberg, Coolio, Joan Didion, Kobe Bryant, Betty Davis et Chadwick Boseman. Ces deux dernières années, de mon côté, je n'ai cessé de me poser une question : pourquoi, au juste, écrivais-je un bouquin sur les États-Unis ?

J'ai continué tout ce temps à m'interroger parce que dans une société qui dénonce (à raison) l'appropriation culturelle, mon sentiment d'illégitimité me bouffait. Mais demandez-moi aujourd'hui pourquoi une journaliste belge à moitié expatriée en France s'est penchée (jusqu'à tomber dedans) sur le contenu des assiettes des États-Unien·nes, et je vous répondrai qu'il s'agissait simplement là d'un cas trop passionnant pour être méprisé (au mieux) ou nié (au pire) par les autres mangeur·ses. C'était aussi une opportunité trop belle de rappeler, page après page, que ce que nous cultivons, abattons, cuisinons et dévorons est infiniment politique. Alors certes, un pilon de poulet frit seul n'a pas mis fin à l'esclavage, un burger de légumes n'a en rien comblé le trou dans la couche d'ozone et une pizza n'a jamais gagné de prix Nobel d'économie, mais tous ces plats ont accompagné des événements, des mouvements historiques qui ont changé la face des États-Unis – et du monde. Et si, au passage, je pouvais vous raconter comment le taulier d'un sanatorium avait inventé les céréales Kellogg's pour nous empêcher de nous envoyer en l'air, alors, c'est que ça en valait le coup.

J'en étais et j'en suis toujours persuadée : la culture culinaire états-unienne est riche et fascinante, bien plus que ce que nos egos européens n'oseront jamais l'avouer. Pour autant, j'ai fini par conclure qu'il n'existe pas, pour ainsi dire, de cuisine américaine. Après les dizaines de pages que vous venez de vous enfiler sur le sujet, je l'écris du bout des doigts, car comprenez-moi bien : il existe effectivement des spécificités propres à la manière dont se nourrissent les habitant·es des États-Unis, ainsi qu'une histoire gastronomique locale doublée d'une fameuse actualité faite de chef·fes jeunes et moins jeunes, tou·tes fondamentalement talentueux·ses. Mais de la même manière que « l'Amérique » n'existe pas, son patrimoine est un délicieux mélange d'influences extérieures – et intérieures, compte tenu du fait que le territoire abritait de nombreux peuples avant qu'il ne soit gauchement renommé *America*. Si vous insistez pour définir aujourd'hui la cuisine du pays, vous pourriez tout aussi bien dire qu'il s'agit d'un agglomérat de spécialités régionales comme le *clam chowder* de la Nouvelle-Orléans, voisines ou lointaines telles les *tacos al pastor* mexicains et le *sisig* philippin, ou hybrides à l'instar d'une assiette de *spaghetti and meatballs*. Vous pourriez également clamer que c'est une salade composée par la cheffe Alice Waters ou un burger commandé au drive-in d'un fast-food, et vous auriez toujours raison[197] – et tort à la fois. Parce que la bouffe est « une forme de représentation collective merveilleusement plastique ». J'ai tourné, retourné bien des fois ces mots dans ma tête et mon ventre avant de comprendre que le sociologue et anthropologue Arjun Appadurai ne s'extasiait pas sur la cuisine comme le portrait craché, le reflet parfait d'une société, mais qu'il la considérait comme un miroir déformé par des millions de mains et de bouches singulières. Les cultures de la table sont en mouvement permanent et je crois finalement qu'on ne (dé)peint pas la cuisine d'une région ou d'un groupe, on tente simplement de raconter les forces parallèles et contraires qui l'animent. Autrement, ça s'appelle une nature morte.

***

Pendant mon voyage de terrain aux États-Unis, j'ai tenu un journal, une histoire encore très différente de celle-ci, dont finalement seuls quelques lambeaux subsistent dans le texte que vous venez de lire. J'écris, par exemple, en souvenir d'une soirée qui avait débuté dans un resto nommé Frankie et Johnny :

---

[197] L'historienne de la gastronomie Sarah Lehman a cependant émis la thèse que la cuisine états-unienne était caractérisée par huit profils de saveurs : ceux du poivre noir, de la vanille, du curry, de la poudre chili, de la sauce soja, de l'ail, du MSG et de la sauce sriracha.

« Huîtres grillées, crevettes décongelées, pain à l'ail, gumbo sirupeux. Et un booth en bois à l'ancienne, dans ce *diner* qui pourrait avoir dix ou cent ans, anonyme et plein d'histoire(s) à la fois. La serveuse prévenante a un tablier blanc sur les hanches et les cheveux attachés. Comme souvent ici, elle s'inquiète régulièrement de savoir si tout va bien et *yes, thank you, all good*. À une centaine de mètres de là, il y a la salle enfumée du bar à cigares Dos Jefes ambiancée par Ashley Beach et The Odd Ities. À côté de nous, un gang à chapeaux fume pour le plaisir de voir s'allumer le bout incandescent de ses cigares et les volutes l'envelopper. Moquette au sol, lumière tamisée, âcre douceur. Je suis bien. Et puis Ashley Beach finit son concert et on s'entasse dans la voiture de Laura pour rejoindre une vieille *shotgun house* blanche. John, cliché du genre hippie, nous accueille sur les marches et demande un petit droit d'entrée – ce qu'on veut. À l'intérieur, ça sent les vêtements imprégnés de l'odeur du feu de bois, les planches creuses, la bière légère et les haleines sucrées. Il y a des fantômes, c'est sûr, ils se cachent sous les fauteuils et derrière les portes, et ce soir leur cœur vaporeux est à la fête. Je me dirige seule vers le porche à l'arrière de la maison, et la nuit y est bleue et jaune. La demi-lune éclaire une faune affalée dans les chaises à bascule et canapés, ou serrée contre le feu. Revenue à l'intérieur, je monte debout sur une longue banquette en velours adossée au mur de la pièce principale pour mieux voir l'impressionnant bar en bois, le groupe pas si mauvais, les larges chapeaux et les couples improvisés qui dansent, beaux. Ne pas oublier de boire de l'eau en rentrant. »

Ça, c'est pour vous rappeler que ce qu'on grave sur papier

est soi, et donc subjectif. Un·e autre auteur·rice vous contera certainement une histoire bien différente des États-Unis. Et il faut les lire, les autres, tous leurs points de vue, surtout celles et ceux qui sont les plus concerné·es par ce qu'ils exposent – j'ai d'ailleurs essayé de leur donner ici le plus de place possible. Mais cet extrait intime dit aussi autre chose : c'est que la nourriture, celle de Frankie et Johnny dans ce cas précis, n'est pas la destination. C'est le point de départ.

Ressources

Sources diverses (ouvrages, articles de presse ou scientifiques, TV, films, podcasts…) de l'autrice, classées par ordre d'usage ou de mention dans le livre.

S. Lock, « *Fast food restaurants in the U.S. – Statistics & facts* » (*Statista*, 2022). **J. DeParle**, « *As Hunger Swells, Food Stamps Become a Partisan Flash Point* » (*New York Times*, 2020). **K. Alexander**, *Burn The Ice: The American Culinary Revolution and Its End* (Penguin Press, 2019). **A. Bourdain**, anthonybourdain.tumblr.com (2014). **C. Martínez** (*Chef's Table*, saison 5, 2018). **A. F. Smith**, *Eating History – Thirty Turning Points in the Making of American Cuisine* (Columbia University Press, 2009). **A. Fordham**, « *America and the Taco: An Immigrant Story* » (*The Economist*, 2021). **M. McWilliams**, *The Story Behind the Dish: Classic American Foods* (Greenwood, 2012). **P. Escárcega**, « *"Mexican Food Always Wins": José R. Ralat on His New Book "American Tacos"* » (*Los Angeles Times*, 2020). **J. R. Ralat**, « *The Demand for "Authenticity" is Threatening Kansas City's Homegrown Tacos* » (*Eater*, 2019). **D. Kennedy**, *The Tortilla Book* (Mass Market, 1975). **K. Taylor**, « *10 fast-food chains with the most locations in America* » (*Business Insider*, 2019). **QSR**, « *Ranking The Top 50 Fast-Food Chains in America* » (2019). **MSNBC**, « *Trump supporter warns of 'taco trucks on every corner'* » (2016). **N. Chokshi**, « *Taco Trucks on Every Corner': Trump Supporter's Anti-Immigration Warning* » (*The New York Times*, 2016). **N. Miroff**, « *Where Trump's border wall left deep scars and open gaps, Biden plans repair job* » (*The Washington Post*, 2022). **S. Dai**, *Nom Wah Tea Parlor* (city.mofad.org/chinatown, 2022). **M. Halford**, « The Exchange: Chop Suey » (*The New Yorker*, 2009). C. W. Hayford, « *Who's Afraid of Chop Suey?* » (*Education about Asia*, 2011). **C. Ying & R. Redzepi**, *There Is No Such Thing as a Nonethnic Restaurant* (Artisan, Mad Foundation, 2018). **E. N. Anderson**, *Food of China* (Yale University Press, 1988). **A. F. Smith**, *The Oxford Companion to American Food and Drink* (Oxford University Press, 2009). **J. Fan**, « *The Gatekeepers Who Get to Decide What Food Is "Disgusting"* » (*The New Yorker*, 2021). **H. R. Lee**, A *Life Cooking for Others: The Work and Migration Experiences of a Chinese Restaurant Worker in New York City, 1920-1946, Eating Asian American* (New York University Press, 2013). **K. Ray**, *The Ethnic Restaurateur* (Bloomsbury Academic, 2016). **S. Barbas**, « *"I'll Take Chop Suey": Restaurants as Agents of Cultural and Culinary Change* » (*Journal of Popular Culture*, 2003). **G. Huang**, « *Where is that Chinese restaurant in Edward Hopper's $91.9 million painting?* » (*Goldthread*, 2018). **A. Kennedy**, « *On America* » (*Substack*, 2020). **S. Ho**, « *Craving the Other: One Woman's Beef with Cultural Appropriation and Cuisine* » (*Bitchmedia*, 2016). **R. Ji-Song Ku, M. F. Manalansan IV & A. Mannur**, *An Alimentary Introduction, Eating Asian American* (New York University Press, 2013). **A. Manuur**, *Intimate Eating: Racialized Spaces and Radical Futures* (Duke University Press Books, 2022). **C. Fernando**, « *Racism targets Asian food, business during COVID-19 pandemic* » (PBS, 2020). **M. Harris**, « *Pandemic-Fueled Anti-Asian Violence Hasn't Ended* » (*Slate*, 2021). **E. Shanahan**, « *Man Hit Woman in the Head 125 Times Because She Was Asian, Officials Say* » (*New York Times*, 2022).

R. Morgan, « *In This Dinner Series, Chinese Food Is at Home Worldwide* » (*The New York Times*, 2020). **Z. Yang**, « *As Coronavirus Panic Spreads, I Went in Search of Wuhan's Defining Dish* » (*Bon Appétit*, 2020). **M. Fang**, « *Joe Biden Signs Executive Order Condemning Anti-Asian Racism Related To COVID-19* » (*Slate*, 2021). **R. Morgan**, « *A chef hopes mapo mac and cheese is just the start of reviving the Chinese takeout* » (*The Washington Post*, 2021). **M. McWilliams**, *The Story Behind the Dish: Classic American Foods* (Greenwood, 2012). **L. Pajon**, « Napolitaine, la reine des pizzas » (*Le Monde*, 2021). **S. Lock**, « *Number of pizza restaurants in the United States from 2012 to 2021* » (*Statista*, 2022). **S. Sanchez**, *Pizza : cultures et mondialisation* (CNRS Éditions, 2006). **K. Wilson**, « *How the Slice Joint Made Pizza the Perfect New York City Food* » (*The New York Times*, 2019). **J. Kenji López-Alt**, « *Detroit-Style Pan Pizza Recipe* » (*Serious Eats*, 2021). **A. Bharati**, « *The Hindu Renaissance and its Apologetic Patterns* » (*The Journal of Asian Studies*, 1970). **E. Shrider, M. Kollar, F. Chen & J. Semega**, « *Income and Poverty in the United States: 2020* » (census.gov, 2022). **P. Fielding-Singh**, « *Why do poor Americans eat so unhealthfully? Because junk food is the only indulgence they can afford* » (*Los Angeles Times*, 2018). **K. Rogers**, « *Weddings at the Pizza Parlor? That's Amore* » (*The New York Times*, 2017). **P. Krishna**, « A Nation Turns to Pizza » (*Taste*, 2020). **P. Wells**, « *He Defined the New York Slice, One Painstaking Pie at a Time* » (*The New York Times*, 2022). **N. Hong**, « *The $1 Pizza Slice Becomes Inflation's Latest Victim* » (*The New York Times*, 2021). **Bureau of Labor Statistics**, Consumer Price Index – February 2022 (2022). **O. Laughland & A. Holpuch**, « *'We're modern slaves': How meat plant workers became the new frontline in Covid-19 war* » (*The Guardian*, 2020). **R. Nickel**, « *Bread consumers to swallow the cost of Russia-Ukraine war* » (*Reuters*, 2022). **S. Klebnikov**, « *Wheat Prices Surge Amid Russia's Invasion Of Ukraine – Here's What That Means For U.S. Food Costs* » (*Forbes*, 2022). **M. Rivers**, « *How New York's Restaurants Suddenly Got So Expensive* » (*Grubstreet*, 2021). **J. Moskin**, « *The Kings of the Dollar Slice Build a Better Pizza* » (*The New York Times*, 2019). **C. Weller**, « Pizza is the key to this strange economic principle » (*Business Insider*, 2015). **C. Haberman**, « As *Inevitable As Pepperoni: Higher Fares* » (*The New York Times*, 2002). **The Economist**, « *Big MacCurrencies* » (1998). **A. Boulianne**, « James Hemings, d'esclave à père fondateur de la cuisine américaine » (*Radio Canada*, 2021). **D. DeWitt**, *The Founding Foodies: How Washington, Jefferson, and Franklin Revolutionized American Cuisine* (Sourcebooks, 2010). **C. Graber & N. Twilley**, « *Who Invented Mac and Cheese?* » (*Gastropod*, 2018). **N. Geiling**, « *There is No Shortage of History When it Comes to Velveeta* » (*Smithsonian Magazine*, 2014). **L. Webber**, « *The US Is Experiencing a Frozen Food Renaissance* » (*Quartz*, 2022). **J. Miller**, « *How Boxed Mac and Cheese Became a Pantry Staple* » (*Smithsonian Magazine*, 2020). **A. Randle**, « *Who Invented the TV Dinner?* » (*History*, 2021). **S. Rousseau**, « *A Brief History of Food TV* » (*MAD*, 2015). **A. McCarthy**, « *We Regret to Inform You That Van Leeuwen's Kraft Mac and Cheese Ice Cream Is Very Good* » (*Eater*, 2021). **P. Arot**, « C'est l'histoire d'un reste de mac and cheese et d'une drôle de recette de pancakes du New York Times » (*Konbini Food*, 2022). **K. McCarthy**, « *Famed New Orleans Restaurant Shares its Mac and Cheese Recipe* » (*Good Morning America*, 2020). **F. Freidel & H. Sidey**, « *The Presidents of the United States of America* » (*White House Historical Association*, 2006). **C. Klein**, « *A Brief History of Presidential Drinking* »

(*History*, 2015). **J. D'agnese**, « *Not Your Toddler's Apple Cider* » (*The New York Times*, 2022). **NIAAA**, « *Alcohol Facts and Statistics* » (2020). **A. Feiring**, « Hard Cider, Drink of Presidents, Makes a Comeback » (*Newsweek*, 2012). **J. Conway**, « *Number of cider producers in the United States as of January 2019, by type* » (*Statista*, 2020). **J. Mason**, « Cider category to garner US$26.21 billion globally by 2031 » (*The Drink Business*, 2022). **USDA**, « *Fruit and Tree Nuts Outlook: September 2021* » (2021). **E. Asimov**, « *A New Golden Age for Cider Production in New York* » (*The New York Times*, 2018). **A. Chandler**, *Drive-Thru Dreams: A Journey Through the Heart of America's Fast-Food Kingdom* (Flatiron Books, 2019). **J. Safran Foer**, *Eating Animals* (Little, Brown and Company, 2009). **U. Sinclair**, *The Jungle* (Doubleday, Page & Company, 1906). **L. Mishan**, « *What Does the End of Beef Mean for Our Sense of Self?* » (*The New York Times*, 2022). **H. Glasse**, *The Art of Cookery Made Plain and Easy* (1747). **M. auniau-Dallier & A Alfonso**, « Précis de sandwichologie » (*Fooding*, 2021). **E. Schlosser**, *Fast Food Nation* (Houghton Mifflin, 2001). **M. Spurlock**, *Super Size Me* (2004). **D. Leiner**, *Harold & Kumar Go To White Castle* (2004). **S. Begley**, « *The 17 Most Influential Burgers of All Time* » (*Time*, 2014). **L. Mishan**, « *What Does the End of Beef Mean for Our Sense of Self?* » (*The New York Times*, 2022). **NAMI**, « *The United States Meat Industry at a Glance* » (2019). **Food Insight**, « *The 2015 Food & Health Survey: Consumer Attitudes toward Food Safety, Nutrition & Health* » (2015). **M.-N. Delaby & F. Burgat**, « L'homme est physiologiquement omnivore » (*Sciences et Avenir*, 2016). **Gerber, Steinfeld, Henderson et al.**, « *Tackling climate change through livestock – A global assessment of emissions and mitigation opportunities* » (FAO, 2013). **C. Purday**, *Million Dollar Burger* (Penguin Random House, 2020). **P. Bradford**, « *Is cell-cultured meat ready for the mainstream?* » (*Quartz*, 2020). **T. Searchinger, R. Waite, C. Hanson et al.**, « *Creating a Sustainable Food Future* » (WRI, 2019). **T. Friend**, « *Can a Burger Help Solve Climate Change?* » (*The New Yorker*, 2019). **T. Conover**, « *The Way of All Flesh* » (*Harper's Magazine*, 2013). **B. Appelbaum**, « *Building a Better Meatpacking Industry* » (*The New York Times*, 2022). **A. Wasley, C. D. Cook & N. Jones**, « *Two amputations a week: the cost of working in a US meat plant* » (*The Guardian*, 2018). **M. Ratafia**, « Langue vivante » (*Guide Fooding*, 2021). **A. Tsang**, « *What, Exactly, Is Meat? Plant-Based Food Producers Sue Missouri Over Labeling* » (*The New York Times*, 2018). **J. Engel Bromwich & S. Yar**, « *The Fake Meat War* » (*The New York Times*, 2019). **E. Debourse**, « Straight edge, punk hardcore et sans bidoche » (*Wilfried*, 2018). **E. Debourse**, « Dans le bureau du (plus que probable) seul echevin "straight edge" de Belgique » (*Vice*, 2018). **A. Kennedy**, « *The Future of the Veggie Burger* » (*Next*, 2019). **H. Gully**, « Comment Kellogg veut devenir le roi de la viande sans viande » (*Les Échos*, 2019). **C. J. Adams**, *The Sexual Politics of Meat: A Feminist-Vegetarian Critical Theory* (Continuum Intl Pub Group, 1990). **F. Humpenöder, B. L. Bodirsky, I. Weindl et al.**, « *Projected Environmental Benefits of Replacing Beef with Microbial protein* » (*Nature*, 2022). **R. Paarlberg**, « *Foodies and Factory Farmers Have Formed an Unholy Alliance* » (*Wired*, 2020). **C. Rainey**, « *The 'Bleeding' Veggie Burger Is Under Fire* » (*Grubstreet*, 2018). **V. Chamlee**, « *Why Do People Want Veggie Burgers That Bleed?* » (Eater, 2017). **B. Matthews**, « *Beyond Meat sales drop as fast-food trials flop; McDonald's is 'McDone' with plant burger* » (*The Washington Times*, 2022). **A. Francis**, « *Fast Food Took a Gamble on Fake Meat. It's Not Paying Off* » (*Bon Appétit*, 2022). **Barclays**, « *The Future of Food* » (2021).

UBS, « *Plant-based meats: Coming, ready or not* » (2021). **H. Fountain**, « *Building a $325,000 Burger* » (*The New York Times*, 2013). **C. Purday**, *Million Dollar Burger* (Penguin Random House, 2020). **P. Bradford**, « *Is cell-cultured meat ready for the mainstream?* » (*Quartz*, 2020). **BBC**, « *World's first lab-grown burger is eaten in London* » (2013). **C. Hall**, « *Is cell-cultured meat ready for prime time?* » (*TechCrunch*, 2022). **N. Firth**, « The race to make a lab-grown steak » (*MIT Technology Review*, 2019). **P. Howard**, « *The Politics of Protein* » (IPES-Food, 2022). **P. H. Howard**, « *Op-ed: Fake Meat Won't Solve the Climate Crisis* » (*Civil Eats*, 2022). **M. Moss**, « *Company's Record on Treatment of Beef Is Called Into Question* » (*The New York Times*, 2009). **Arte**, « McDonald's : de la viande lavée à l'ammoniaque ? » (2022). **D. Kwan & D. Scheinert**, *Everything Everywhere All at Once* (2022). **T. Merwin**, « *Pastrami on Rye: An Overstuffed History of the Jewish Deli* » (*NYU Press*, 2015). **S. Feder**, « *During The AIDS Crisis, This Gay Jewish Cookbook Kept A Community Together* » (*Forward*, 2018). **B. Ong**, « *Jeremy Salamon Is Opening a Restaurant Honoring All the Women That Inspired Him* » (*Eater*, 2021). **M. Albo**, « The Death and Life of America's Gay Restaurants » (*Jarry*, 2016). **N. Bouazzouni**, « Un resto à soi » (*Fooding*, 2021). **M. Singh**, « *A First Look at HAGS, New York's Revolutionary New Queer Fine Dining Restaurant* » (*Bon Appétit*, 2022). **K. Darcy**, « How Joey Chestnut preps for a stomachful of hot dogs » (ESPN, 2018). **The New York Times**, « *Topics of the Times: An American Institution* » (1953). **H. Selinger**, « *How the hot dog became an American icon* » (CNN, 2020). **N. Kindelsperger**, « *President Obama Is No Fan of Ketchup on Hot Dogs* » (*Grubstreet*, 2011). **NHDSC**, « *Major League Baseball Fans Will Enjoy More Than 19 Million Hot Dogs and Nearly Five Million Sausages at Ballparks in 2022* » (2022). **Major League Eating**, Joey Chestnut (2022). **C. Aschwanden**, « *Scientists Have Finally Calculated How Many Hot Dogs a Person Can Eat at Once* » (*The New York Times*, 2020). **R. Suner & E. Finkelstein**, « Miki Sudo, la plus grosse mangeuse de hot-dogs » (Brut, 2022). **J. Smoliga**, « *Modelling the maximal active consumption rate and its plasticity in humans – perspectives from hot dog eating competitions* » (The Royal Society, 2020). **A. Smith**, « *Peanuts: The Illustrious History of the Goober Pea* » (*University of Illinois Press*, 2002). **J. Kauffman**, *Hippie Food* (William Morrow, 2018). **A. Kennedy**, « *On Peanut Butter* » (On the Desk of Alicia Kennedy, 2021). **W. Willett**, « *Ask the doctor: Why is peanut butter "healthy" if it has saturated fat?* » (*Harvard Health Publishing*, 2019). **D. Kamp**, *The United States of Arugula* (Penguin Random House, 2006). **R. Reichl**, *Save Me the Plums* (Penguin Random House, 2019). **A. Waters**, *Fanny at Chez Panisse: A Child's Restaurant Adventures with 46 Recipes* (HarperCollins, 1992). **E. Debourse**, « Alice Waters : "Aujourd'hui, il faut manger avec détermination" » (*Le Fooding*, 2022). **H. Coutard**, « Le "peanut butter and jelly" : le sandwich qui a rendu la NBA accro » (*Le Monde*, 2018). **T. Tipton-Martin**, *The Jemima Code* (University of Texas Press, 2015). **L. Penniman**, *Farming While Black: Soul Fire Farm's Practical Guide to Liberation on the Land* (Chelsea Green Publishing, 2018). **M. Ver Ploeg, D. Nulph & R. Williams**, « *Mapping Food Deserts in the United States* » (USDA, 2011). **A. Wright**, « *Interactive Web Tool Maps Food Deserts, Provides Key Data* » (USDA, 2021). **N. Nittle**, « *Black-Owned Farms Are Holding on by a Thread* » (*Eater*, 2021). **J. B. Harris**, « *African-American Food Is the Backbone of American Food* » (Eater, 2021). **A. Ganaway**, « *Black Communities Have Always Used Food as Protest* » (*Food & Wine*, 2020). **D. Freeman**, « *Freedom,*

Finances, and Fried Chicken » (*Eater*, 2022). **History**, « *Jim Crow Laws* » (2022). **C. Graber & N. Twilley**, « Poultry Power: The Fried Chicken Chronicles » (*Gastropod*, 2016). **L. Beachum**, « Which came first: The fried chicken or the racist trope? » (*The Washington Post*, 2019). **Gadfly Prod.**, « *Fuzzy Zoeller Racist Fried Chicken Joke to Tiger Woods @ 1997 Masters* » (YouTube, 2015). **J. Gingrich**, « *The Underground Kitchen That Funded the Civil Rights Movement* » (*Atlas Obscura*, 2018). **C. Druckman et 115 autres autrices**, *Women on Food* (Harry N. Abrams, 2019). **C. Wilson**, « The Moment When Four Students Sat Down to Take a Stand » (*Smithsonian Magazine*, 2020). **History**, « *Greensboro Sit-In* » (2010). **S. Cohen**, « *Why the Woolworth's Sit-In Worked* » (*Time*, 2015). **K. Wilson**, « Soul Food Sessions Pt. 1 » (*A Hungry Society*, 2019). **J. Turshen**, « *To Change Racial Disparity in Food, Let's Start With Cookbooks* » (*Eater*, 2018). **J. Turshen**, *Feed the Resistance: Recipes + Ideas for Getting Involved* (Chronicle Books, 2017). **J. Turshen**, *Small Victories: Recipes, Advice + Hundreds of Ideas for Home Cooking Triumphs* (Chronicle Books, 2016). **Lee & Low Books**, « Where is the diversity in publishing? The 2019 diversity baseline survey results » (2020).

Remerciements

Merci à Anne Zunino et Antonin Iommi-Amunategui, mes éditeurs, de m'avoir accompagnée dans ce projet avec confiance, bienveillance et patience. C'est une chance d'avoir pu travailler avec vous et d'enrichir le rayon de Nouriturfu.

Merci Pierre pour l'amour et les pâtes, maman et Thierry de toujours croire aveuglément en moi, Claire et Christian, Camille, Sybille, Alix, Maurine, Gaëlle, Cath, Pia, Mano et tout le Petit Mercado, Clem, Max, Seb, Laeti, Val, Simon, Ron, Gilles et l'incomparable Bureau du *Fooding*.

Merci particulièrement à celles et ceux qui ont pris le temps et l'énergie de lire un chapitre, parfois plusieurs, de ce qui n'était alors encore qu'un manuscrit incomplet. Catherine, Typhaine, Baptiste, Louis, Léo, Christine, Sybille, Pierre, Maureen, Zoe, Noémie et Farah, rappelez-moi que je vous dois une bière.

Merci Anna de m'avoir offert, il y a près de dix ans, ma première opportunité de mettre les pieds aux États-Unis. Thank you too, big sis Sarasmile. Cameron, omelette au fromage.

Merci aux hôte·sses inattendu·es de mon voyage, Chana, Romain et Mary. Mary, you're so talented and your writing inspired me more than you think.

Enfin, merci aux auteur·rices et journalistes dont le travail et la pensée irriguent ce livre et ma vie.

L'autrice

Elisabeth Debourse est une journaliste belge née à Bruxelles, où elle réside toujours. Elle a collaboré avec de nombreux médias de part et d'autre de Quiévrain. Pour la *RTBF*, elle a co-réalisé deux saisons du podcast « Salade Tout », qui explore les liens entre alimentation et société belge. Dans le même élan, elle a créé et animé pendant plus d'un an la newsletter « Mordant ». Depuis 2021, elle est la rédactrice en chef magazine du *Fooding*.

Table des matières

© Nouriturfu, 2022
Première édition
ISBN 978-2-490698-63-9

Ce livre a été achevé d'imprimer
par Pulsio Print (Bulgarie) en décembre 2022

Dépôt légal : janvier 2022

Éditions Nouriturfu
23-25, boulevard du Général Jean Simon
75013 Paris

contact@nouriturfu.com @nouriturfu #AmericanAppetit